から始める

釣魚で作る！干物入門

つり情報BOOKS

「つり情報」編集部◎編

日東書院

CONTENTS

基礎から始める

釣魚で作る!

干物入門

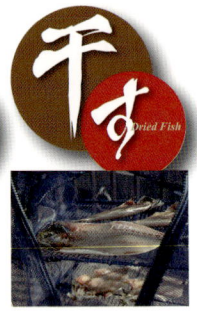

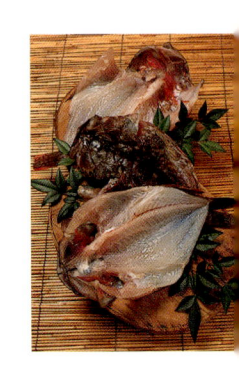

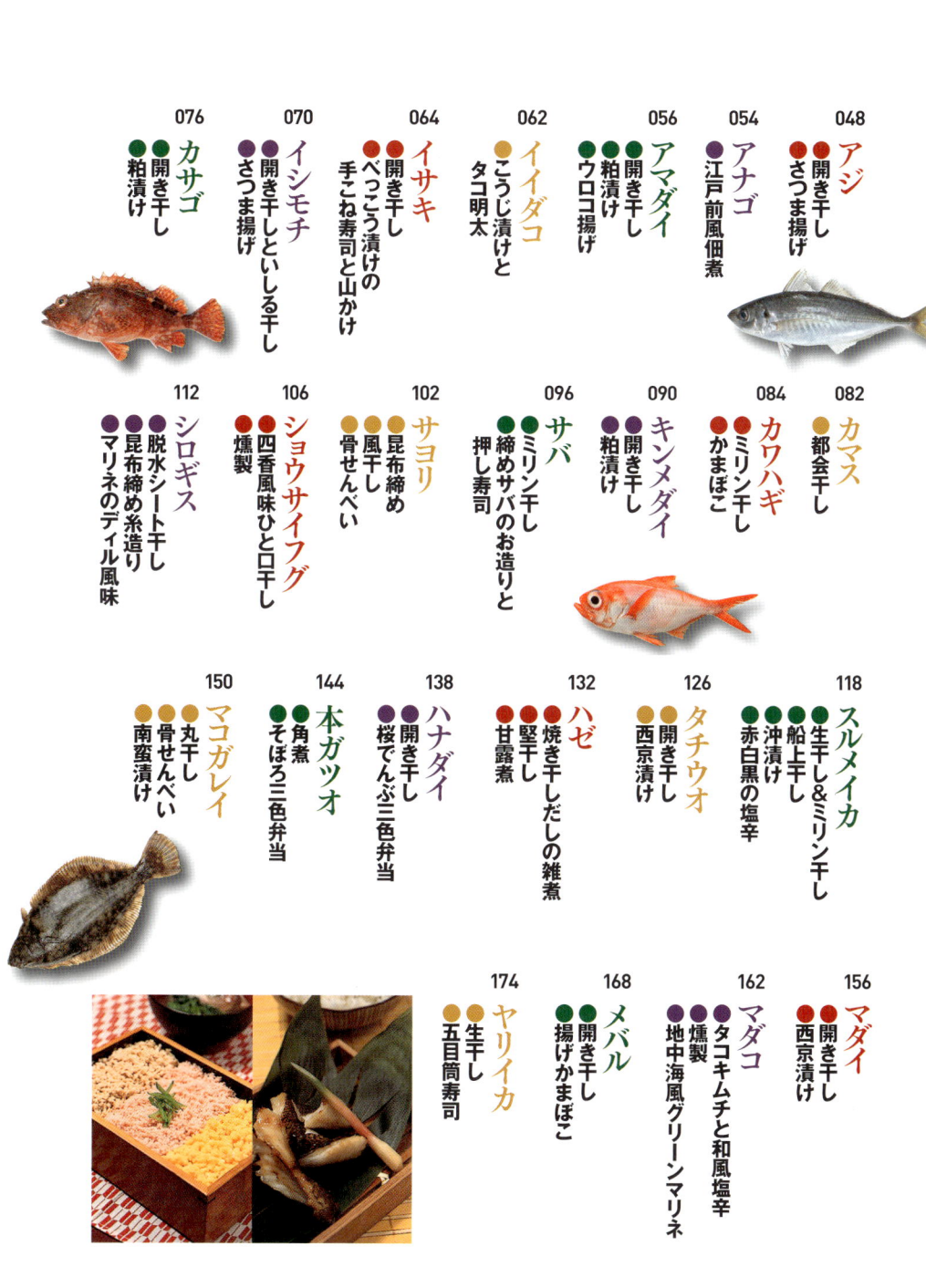

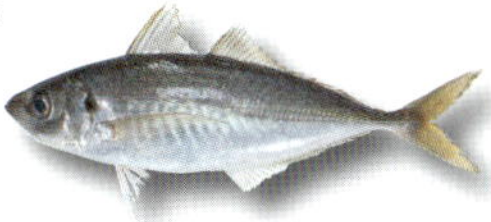

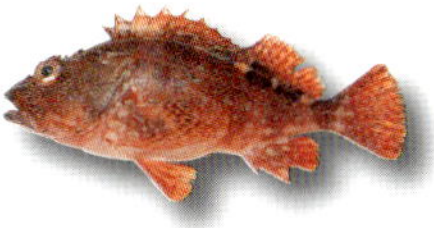

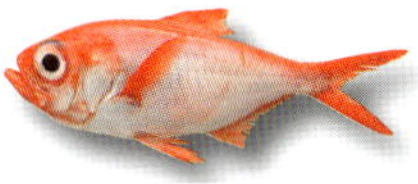

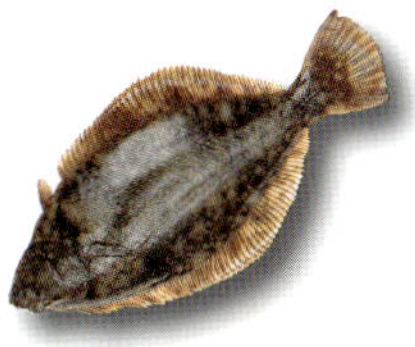

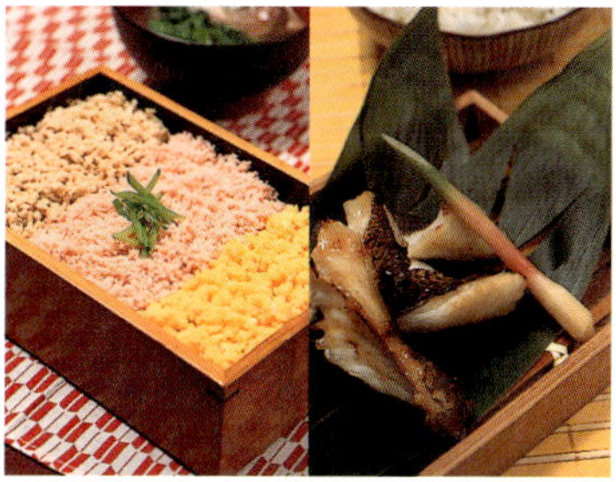

新鮮・保存食のすすめ!!

葛島一美

保存食とは一般的に、腐敗を防ぐ加工や処理が施されることによって長期間の貯蔵が可能な食品のこと。

膨大な種類の中で、魚介類を用いた保存食は開き干しを代表とする干物類を筆頭にして、味噌漬けや粕漬けなどの漬ける保存法から、しょう油などで煮込んだ佃煮や甘露煮、そして、さつま揚げやかまぼこなどの練り物、さらに煙で燻した燻製まで調理方法は多種多彩。

もちろん、酢や昆布を使って風味を生かして締めた刺身系や洋風の保存食だってある。このようなバラエティー豊かな保存食によって、釣り人たちの食生活は変化に富み、おいしい魚を食す生き甲斐すら見いだすことができるのである。

まず、釣魚の鮮度にも限りがあることを認識していただきたい。特に、アジやイサキといった中小型魚は鮮度落ちが早く、冷蔵庫の中でそのまま3日も4日も寝かせてしまえば、生き腐れも同然。せっかくの釣魚も台無しだ。

そこで釣ってきた獲物は、まだピチピチと飛び跳ねんばかりの新鮮なうちに、刺身などの一般料理用と干物などの保存食用をきっちりと分けてしまうことが第一。そして、それぞれの魚は改めて完璧な保冷を施すとともに、場合によっては下処理まで済ませておくこと。

釣魚を保存食として加工する場合はどうしても、食べ残して少し鮮度が落ちた魚を利用して、仕方なく作り置きするイメージが強かったことは確か。

しかし、ここ最近の風潮として刺身にこだわるばかりでなく、自家製の干物作りなど保存食マニアが増えてきたのはうれしい限りだ。

たとえば、相模湾あたりにアジのビシ釣りに出かけたとしよう。ひと昔前まで

は外道のサバなどそっちのけで、本命のアジでクーラーボックスを一杯にしてご満悦だった。

ところが、近年では欲しい尾数のアジとサバを振り分けて釣った上に、その場で生き締め処理をしたり、腹八分目ならぬクーラーボックス八分目で止めて、自宅までの保冷対策に気を配る食材釣魚優先派も増えた。

また、アジやサバとともにスルメイカ釣りも然り。余裕があれば、釣りの途中で竿を置いて船上干しに精を出し、横目で潮風にたなびく獲物を眺める姿は実にほほ笑ましい。

このようなお手製の保存食は市販品にはない、自分好みの味に仕立てられる面白さもある。味噌漬けの場合には白味噌と赤味噌、米味噌と麦味噌といったように合わせ味噌や甘辛の調合は自由自在。

と同時に、漬け込む時間などを工夫することによって味付けの濃淡をコントロールできるし、熟成していく過程の味の変化を日々味見することも、手作り保存食の楽しみの一つといえるだろう。

いい例が、スルメイカなどイカ類で作る塩辛である。調理した当日は舐めてみると塩っ辛さが勝ってしまうが、2日目には塩が少し落ち着いてくる。さらに3日目、4日目になるとキモと塩の熟成が加速して旨味が広がってくる。

そして、「ここが食べごろだ!!」と見定め、みなに振る舞う保存食奉行の采配はなんとも誇らしい気持ちだ。沖釣り厨房派にとって、これほど有意義で楽しいインドア・フィッシングはないかもしれない。

このように、保存食は生き物でもあるわけだ。保存期間はそれぞれの保存食によって異なる。魚介類の干物を例に挙げると冷凍保存で1年やそこら大丈夫のように思われがちだが、日が経つにつれて冷凍焼けなどの劣化が進行して、本来の味が損なわれてしまうことは免れない。

だから、自宅の一般冷凍庫は過信せず、自家製の干物は遅くても冷凍保存後1～2カ月以内には食べて欲しいもの。

とどのつまり、新鮮でおいしい保存食には「残り物に福はない!!」のである。

干す

Dried Fish

魚のうま味を干すことで凝縮、熟成させる保存食!!

B

A

知っておきたい！色いろな干物の作り方を紹介

　干物とは読んで字のごとく、魚などの魚介類を干した加工食品。干すことによって水分が減って、そのうま味が凝縮されるとともに熟成され、独特の風味が加わることが、干物のおいしさの大きな特徴である。

　干物の乾燥法には業者が用いる機械乾燥もあるが、我われ釣り人は天日干しや風干しの自然乾燥のほか、高気温の夏場など干物作りに適さない季節には冷蔵庫干しや食品用の脱水シートを利用するケースもある。

　主な干物の作り方を大別すると、

【1】素干し

　塩をせず、そのまま干した干物。例えば〝あたりめ〟と呼ぶスルメイカなど。

【2】塩干し

　塩味を含ませて干した、もっとも一般的な干物。開き方や干し方などの違いによって、さらに呼び名が分類されている。

●丸干し（A）

　内臓の有無にかかわらず丸のまま干した干物で、生干しと堅干しがある。ウルメイワシの目刺（生干し）、カタクチイワシの堅干し、小型カレイの丸干しなどがそれだ。

●生干し（B）

　一夜干しともいい、軽く水分を抜いただけの干物。また、釣りの最中に船の上で作る干物も生干しの一種である。カレイやアマダイの一夜干し、スルメイカやアジ、サバの船上干しなど。

●開き干し（C）

　内臓やエラを処理した上で開いて干した干物で、干物の大半が開き干しだ。

●骨干し（D）

　刺身などで三枚おろしにし、残った中骨を干し上げ、油で揚げていただくことが多い。アナゴやシロギス、サヨリなどの骨せんべいを紹介してみた。

【3】調味干し（E）

調味料に漬けて味を染み込ませて干した物。例えばミリン干し、ムロアジなどの「くさや」がそれ。

【4】焼き干し（F）

焼いた後に干物にしたもので、だしとして使うほか、佃煮や甘露煮などに加工することも多い。ハゼやワカサギの焼き干しに代表される。

【5】煮干し

主にだし用の干物で、カタクチイワシなどを一旦煮上げてから干す。

このほか、魚介類を用いた干物の仲間にはボラの卵巣で作った「からすみ」やニシンの卵の数の子、干し海苔などなど数多くの種類があり、さらに一般に知られていない地方限定の干物もあり、我われの食卓を豊かに潤してくれている。また、海に面した世界の国々でも古代から、それぞれの郷土に合った魚介類の干物作りは盛んに行われている。

本書では釣魚の干物作りに限ったため、開き干しと生干しの塩干しをメインにして、ミリン干しや焼き干しを紹介。

開き干しを作るための基本的なさばき方

干す Dried Fish

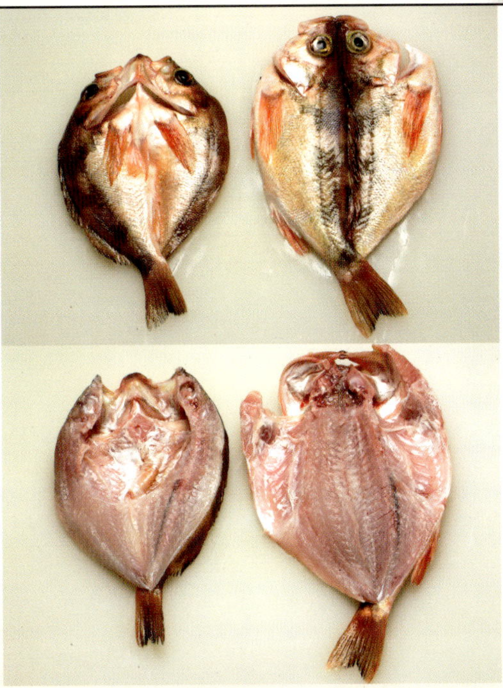

上／オキメバルをそれぞれ腹開き（右）と背開き（左）にしてみるとご覧の通り!!
下／大サバのように家庭用の焼き網から余ってしまう魚は頭を切り落として開くか、二枚おろしにしてもよい

主に、中小型の魚を使った開き干しの利点は、①塩などの味が身に染み込みやすい ②乾燥時間を短縮できる ③エラや内臓などを取り除いてしまうので腐食が防げる などがあげられる。

魚の開き干しは「腹開き」がもっとも基本的な開き方。このほか、魚種によっては「背開き」や「片袖開き」が用いられ、ツツイカ類にも独特の開き方がある。

また、商売物ではない自家製の開き干しなのだから、体裁を気にしなければ頭を切り落としてしまってもよく、40センチを超える大サバなどは家庭用の焼き網に乗らないので、焼きやすいようにはじめから頭を落として開き干しや二枚おろしにしてしまう手もある。

【腹開き】

極端な話、どの魚も100パーセント腹開きで開き干しにできるが、見た目も味のうち。アジやサバ、イサキといった上口の魚たちは腹開きが基本と覚えておこう。見た目も安定感がある。

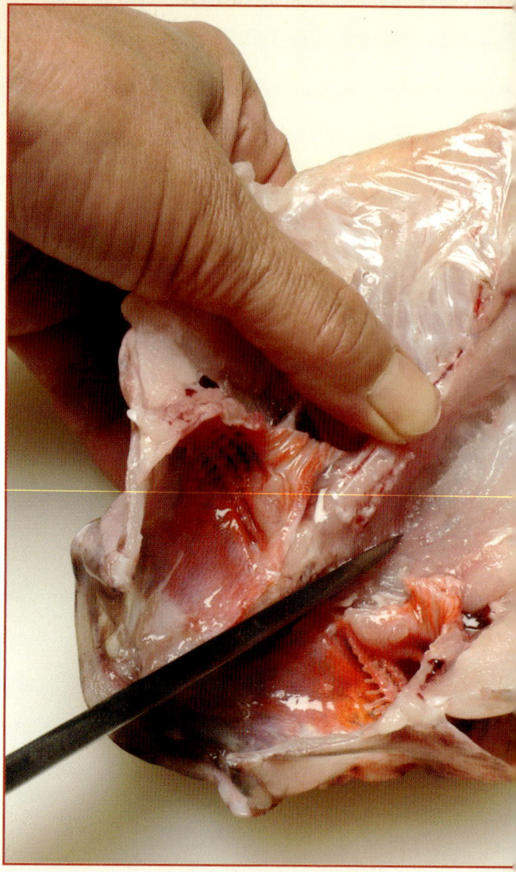

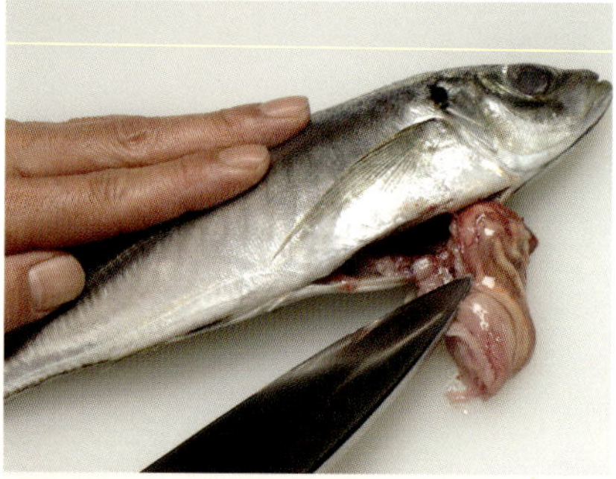

1 ウロコを引き落とした後、腹を割って内臓を取り出し、ざっと水洗いをしておく

2 頭を右に向け、肛門のところから包丁を入れて尾の付け根まで腹身を切り開く

3 ここで中骨と腹骨の接合部の軟骨を切り離してしまう。この際、逆さ包丁で行なってもよい

4 続いて指先で切っ先を確認しながら、皮1枚を残して頭のほうから尾に向かって背身を切り開く

5 身が開けたら、中骨を避けるようにして頭の中心線に包丁を当てる

6 少し力を入れながら頭を押し切って半分に割ると腹開きの状態になる

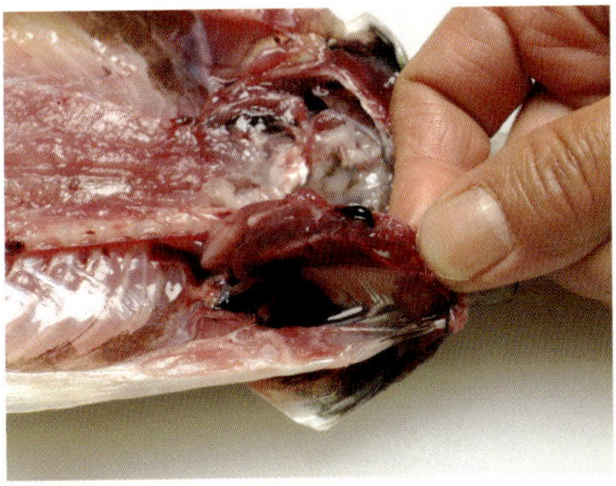

7 最後の下処理として、頭の左右にあるエラをちぎり取る

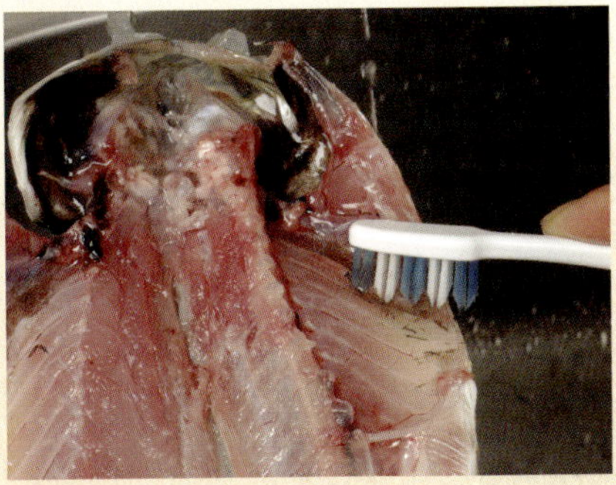

8 流水下で歯ブラシや竹のササラを使って、血ワタや内臓、腹膜などの汚れを手早く掃除する

9 腹開きの完成

【背開き】

マダイやハナダイ、クロダイといったタイ科や、アマダイなどの「あやかりダイ」の魚は体高があり、底辺に口が付いている。このような体型の魚は腹開きにすると身がうまく開かず、体裁も悪いので背開きの出番となる。さばき方の手順は、腹開きとあまり変わらないが、タイ科やあやかりダイの仲間は中骨が硬いので、頭を割る際には十分に注意して包丁を扱うこと。

1 アマダイなど魚種によってはウロコを残したまま、まずは頭の付け根に切っ先を刺し入れる

2 背ビレに沿って尾の付け根まで切れ込みを入れた後、中骨に沿って背身を切り開く

3 続いて、包丁の向きを変えて逆さ包丁に持ち替え、腹骨と中骨の接合部の軟骨を切り離す

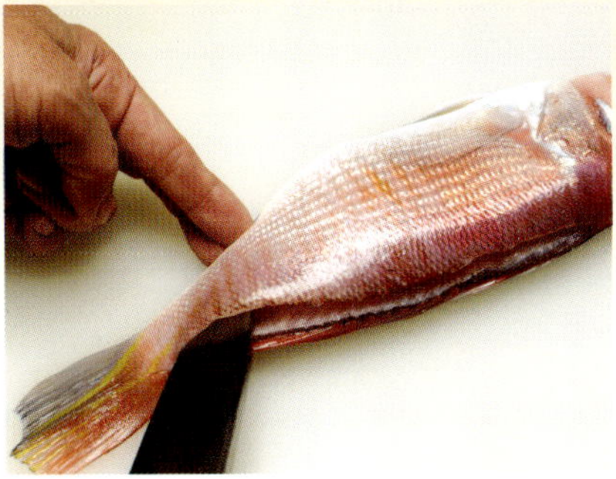

4 包丁の向きを戻して皮1枚を残して腹身を切り開く

5 ここで魚を立てて、中骨を避けるように頭の中心に包丁を突き立て、少し力を入れて半分に割ると背開きに

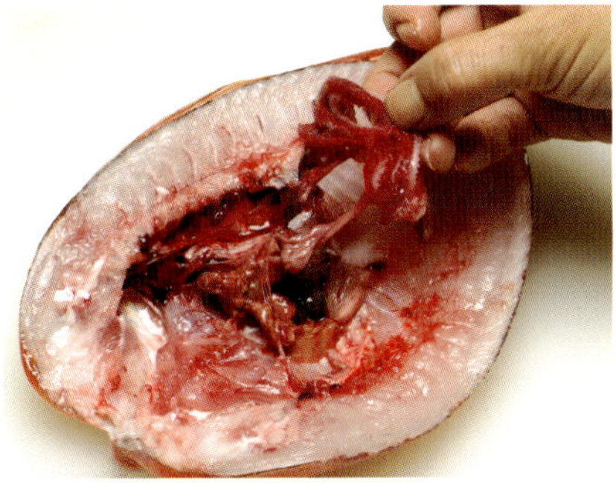

6 さらに頭の左右にあるエラと内臓をちぎり取る

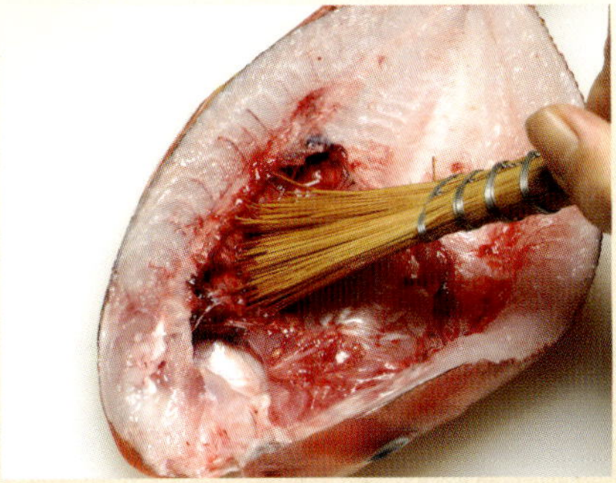

7 竹製のササラか歯ブラシで中骨に付着している血ワタなど汚れを掃除

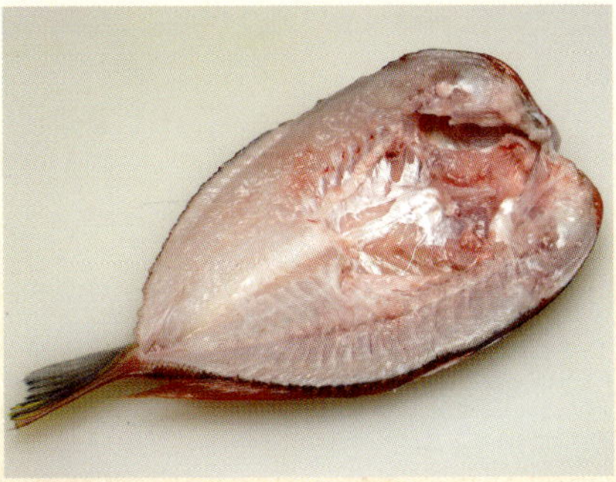

8 最後にきれいに水洗いして水気をふき取っておく

【片袖開き】

片袖開きは背開きの応用で、カマスやシロギス、サヨリなどスマートな体型をした魚に用いられ、見た目も美しく仕上がる。

このほか、市販品の開き干しの中では高級魚のアマダイやサンマを片袖開きにした製品も多い。

さばき方 (例・カマス)

1

ウロコ落としを使ってウロコをかき落とし水洗いをしておく

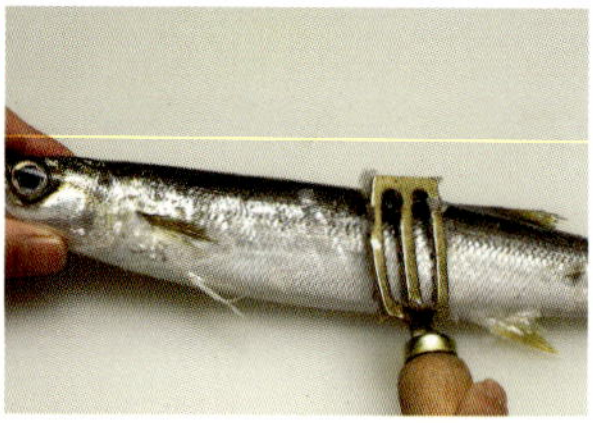

2

頭は左に向け、まずはエラ蓋に沿った肩口から中骨に当たるまで切れ込みを入れる

3

次に背ビレに沿って中骨まで背身を切り開く

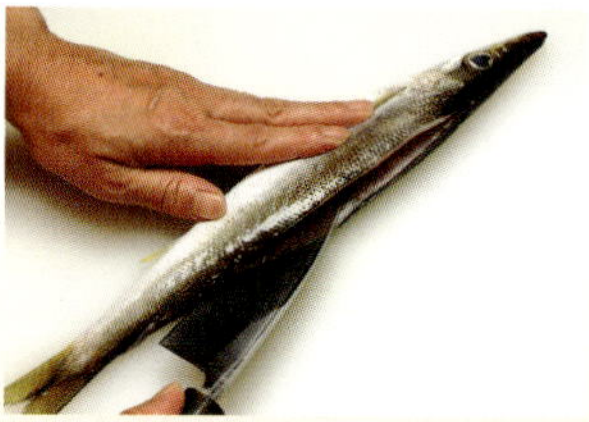

4

逆さ包丁に持ち替え、中骨と腹骨の接合部の軟骨を切り離す

5

続いて皮1枚を残しながら腹身を切り開くと片袖開きに

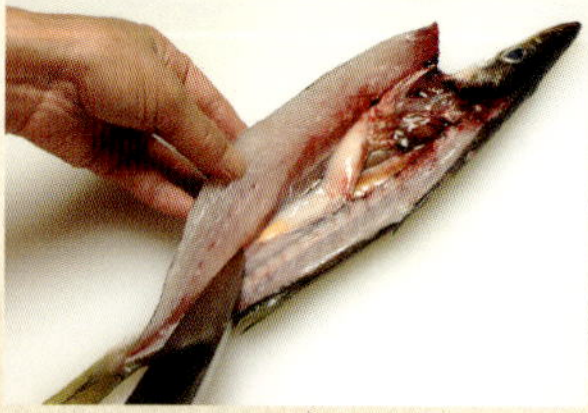

6

ここでエラをつまんで内臓とともにちぎり取っておく

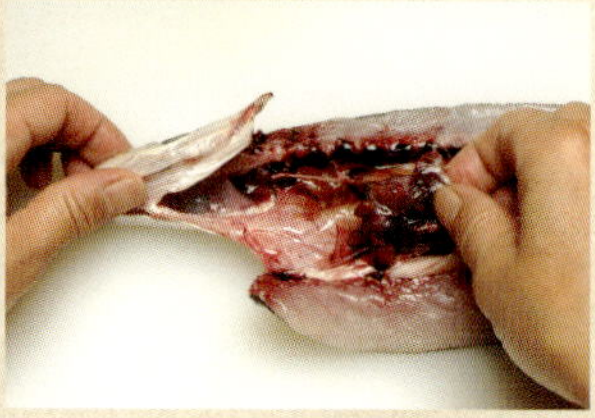

7

最後に中骨に付着している血ワタや腹膜などの汚れを掃除し、きれいに水洗いをしておく

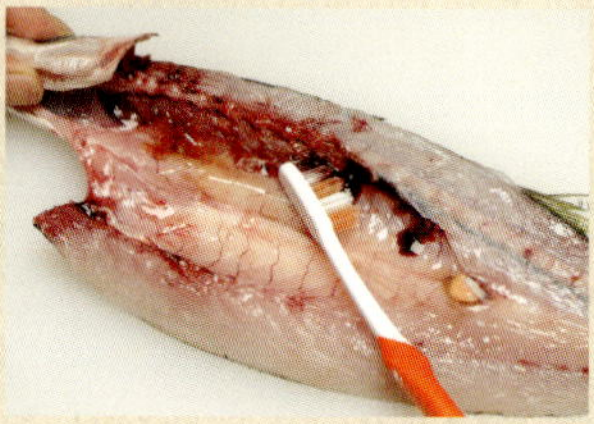

【ツツイカ類】

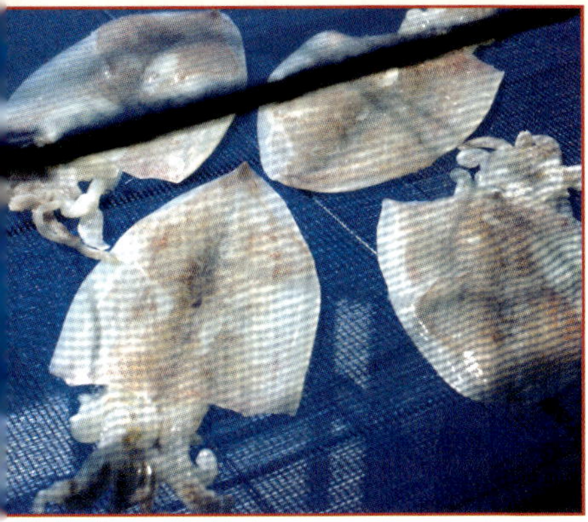

スルメイカの生干しは、海沿いの土産屋に並んでいるため、ポピュラーな干物。しかし、ヤリイカやマルイカといったツツイカの仲間は沖釣りファンだからいただける、特別バージョンの極上開き干しである。

自宅に帰ってから作ってもよし。釣りの最中に船上干しに仕上げると、さらにうま味が増す。船上で開き干しにする際には包丁よりも、調理用や刃先の長いハサミを使ったほうが安全で、手っ取り早い。

さばき方
(例・スルメイカ)

1

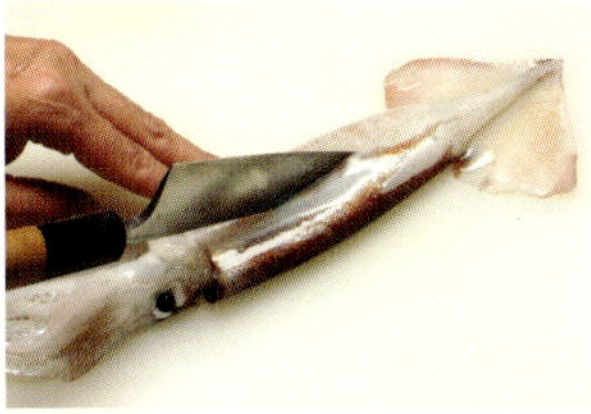

イカはエンペラを下にして胴の中心から包丁を入れ、キモを傷つけないように剣先まで切り開く

2

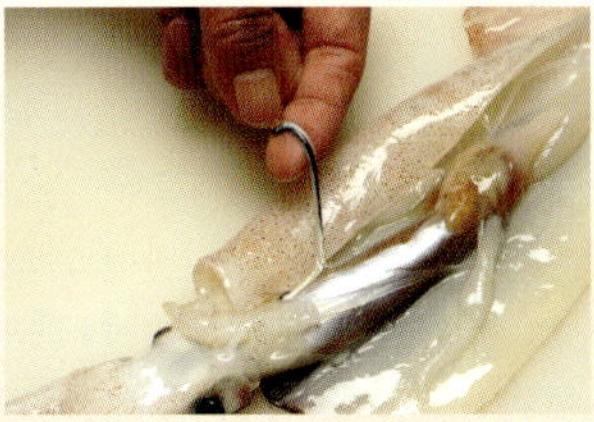

ここで、キモに付着する墨袋は破れないうちに取り除いておくほうが無難

3

続いて胴体に付いている内臓とキモを抜き取る

4

目の間に包丁を入れて切り開き、目玉とくちばしを取り除く。場合によっては❸と❹を逆に処理してもよい

5

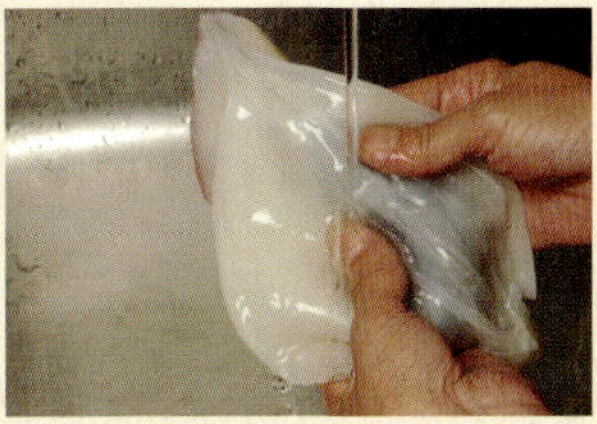

最後に、流水で残っている筋とヌメリをこすり落としておくと、より透明度の高い干物に仕上がる

干す
Dried Fish

塩にこだわる!!「約8パーセント塩水法」のすすめ

開き干しを代表とする干物には味を付けると同時に、保存状態を保つために塩を使う。この塩はさらに身を締めて弾力が加わる役割を果たし、天日などに干すことによって干物独特のうま味が生まれる。塩味を施す方法は大別すると、干物用にさばいた魚に直接塩を振る「振り塩法」と、塩水に浸す「塩水法」の2通りがある。

どう考えても振り塩のほうが手軽だが、手先に取って塩を振る量はいい加減になりがちで、干し上がった干物の味付けの濃淡はバラバラに仕上がりやすい。

また、塩水に浸す漬け込みにしても、その都度塩と水の量を適当に行なってしまうと、結果は振り塩と同じこと。

このようなことから皆さんに推奨した

開いた魚が全部浸る大きさの容器（料理用ボールや密封容器など）を用意し、この中で攪拌して塩を溶かして塩水を作る

約8パーセントの塩水は左から水1リットル、粗塩80グラム、日本酒50cc

いのは、どんな魚種も一定の塩水で行なう「約8パーセント塩水法」による干物作りである。

この方法は今から20年ほど前に取材で訪れた東伊豆網代の大手干物加工業者に教わった塩分濃度を参考にしたもの。この専門店では塩度計と呼ぶ浮き秤を使っていたが、シロウト向けとしてすすめてくれた塩分濃度が、約8パーセントの塩水というわけだ。

その比率は水1リットルに対し、粗塩80グラムが基本なのだが、都会のベランダ干しでもうま味を増幅させるであろう欲目として、日本酒50ccを付け加えるのがミソ。つまり、約8パーセントの塩水の調合とは「水1リットルに対し粗塩80グラム、日本酒50cc」である。

塩水に漬け込む時間は、アジやサバなどの赤身魚は長く、反対にシロギスやカマスなどの白身魚は短く。また、脂がよく乗ったタチウオやキンメダイなどは長め、一方、淡白でさっぱりとしたショウサイフグなどは短めを一応の目安にして、好みの塩加減を試してほしい。

これがおすすめ!!

干物に合う 自然海塩

ここ最近は普通の粗塩とは別に、にがり成分を多く含んだ自然海塩が数多く市販され、マーケットなどの「塩コーナー」で賑わいをみせている。

価格的には一般的な粗塩の2倍以上の製品が大半だが、自然海塩それぞれの個性的な塩味は干物作りばかりでなく、和洋中の料理すべてが一変するほどの調味料としてプロ調理人の間でも評判が高い。

自然海塩を選ぶ基準は自分の「舌べら」一つ。あれこれ味見してみて、好みの塩を探し当てるのも釣り人厨房派の楽しみである。

A catalogue of the salt

ぬちマース

沖縄本島中部、浜比嘉島沖合でくみ上げた海水を釜で炊かず天日にも干さない独自の製法で精塩。きめの細かなパウダー状の食塩で、体にいいミネラル分を多く含んでいるのが特徴だ。ぬちマースとは沖縄の方言で、ぬちは命、マースが塩。つまり、命の塩という意味

石垣の塩

沖縄県八重山諸島の主島である石垣島の、サンゴ礁に育まれた海水100パーセントで作られた自然海塩。直接口に含んだ時は苦みを強く感じるが、塩辛などに調理すると短時間に苦みが消え去り、変わって甘みやうま味がにじみ出てくる

伯方の塩　塩の花

フルール・ド・セル（塩の花）は結晶化する時、最初に浮き上がった塩だとか。価格は普及品の伯方の塩1キロ370円に対し、塩の花は945円（200グラム小袋200円）と3倍弱の超高級塩だが、趣味の料理だから味わえる贅沢

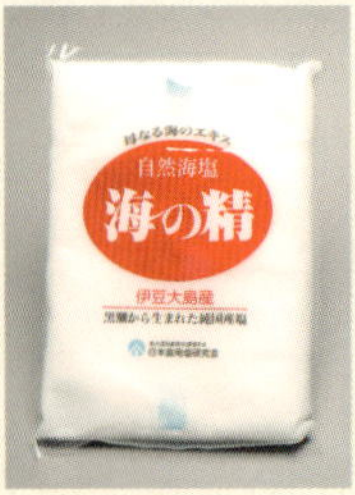

海の精

伊豆大島の海水を用い、伝統的な自然製塩法で作った東京都の粗塩である。海洋ミネラルに富んでおり、塩化ナトリウムは塩辛さ、マグネシウムは苦味、カルシウムは甘味、そして、カリウムは酸味といったバランスのよさが大きな特徴

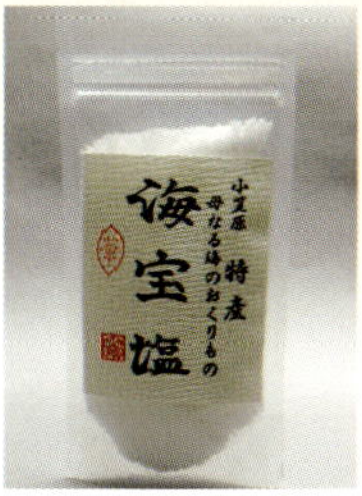

海宝塩

小笠原は父島の沖合で汲み上げた潮を用い、昔ながらの製塩法で作られた自然海塩。口に含んだ瞬間はシャープさが際立ち、次第にまろやかな味わいに変わってくる。海宝塩は潮流の影響でニガリ分が強め。干物作りのほか焼き魚など加熱料理に適している

海の力

沖縄・宮古諸島の主島、宮古島で作られている自然塩。18種類というミネラル成分の含有数は世界一で、豊富な自然塩の顕著な特徴として、塩っぽさの中にも甘みが感じられ、特にこうじ漬けでは熟成が進むにつれてまろやかさが増す

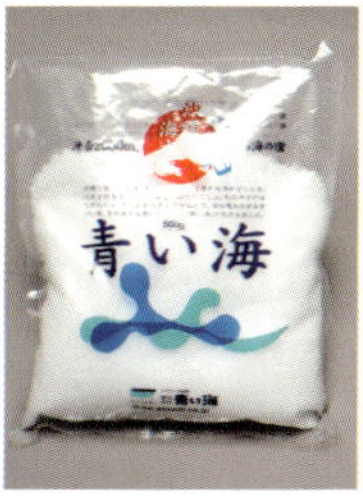

青い海　粗塩

沖縄の糸満市沖合から汲み上げた海水を平釜製法で煮詰めて仕上げた海水塩。粒子は粗いが、水に溶けやすい。最初尖った塩辛さが目立ったものの、干し上がった開き干しはマイルドな塩気に変わっていた

五島灘の塩

長崎県五島列島に面した崎戸島の海水で作られた粗塩だ。ご当地名産、平戸のアゴ（トビウオ）の干物とともに、「全国梅干しコンクール」を開催するなど、九州一梅干し作りが盛んな大分県大山町でも人気が高いとか

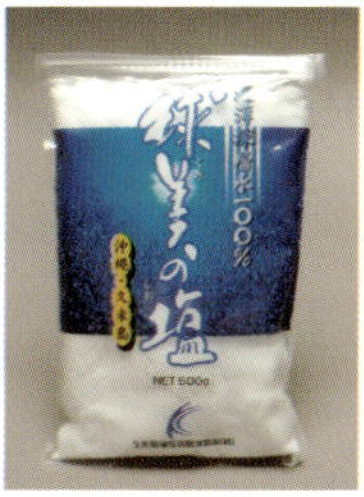

球美（くみ）の塩

沖縄の海に浮かぶ久米島沖から汲み上げた海洋深層水で作られた自然海塩。さらっとした細かな粒ざわりで、塩分控えめの濃度84パーセントながら、舐めてみると締まった塩気と相反する甘みが舌に感じられる

ピュアボニンソルト

小笠原諸島の父島を生産地とし、100パーセントの小笠原海水で作り上げた自然海塩。口に含んだ瞬間に混じり気のないストレートな塩辛さが立ち、続いて唾液の中から塩本来のうま味がにじみ出てくるのが特徴

ゲランドの塩

フランスの大西洋に面したブルターニュ半島で作られた自然海塩。海水のミネラル分がたっぷりと封じ込められている。最初の結晶として水面に浮かぶ極上塩が「海の果実」。このほか、グランドの塩シリーズには卓上タイプの顆粒ボックスや大袋入りのあら塩など数種類ある

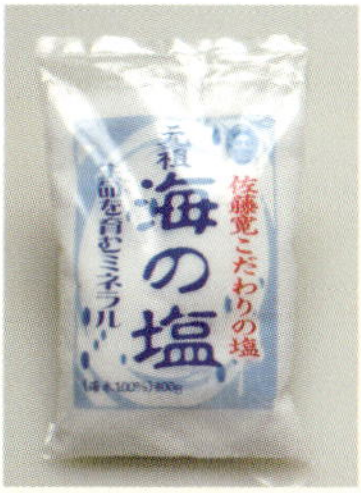

元祖　海の塩

新潟県の最北端、岩船郡山北町で作られるミネラルたっぷりの天然塩。笹川流れのきれいな海水を汲み上げ、伝統の平釜で24時間煮詰めた結晶から余分なニガリを取り除いているのが特徴。粗塩タイプの海の塩のほか、海草のホンダワラを海水に浸して作った「藻塩」も好評

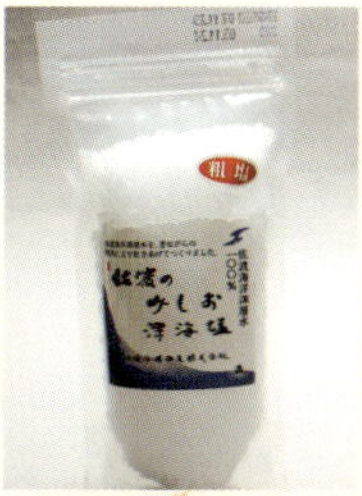

佐渡のみしお深海塩

佐渡の多田沖水深330メートル以深の海洋深層水を煮詰めて作った粗塩。海洋深層水は水温が一定で表層の海水とまじわることがなく、無機栄養塩が豊富に含まれているのが大きな特徴とか。口に含むと塩辛い味から次第に淡い甘さが溶け出てくる食感

赤穂の天塩

天然塩という粗塩の中で最も知られている製品の一つ。塩田時代の昔ながらのニガリ入りの塩を目指して作られた。「直線的な塩辛さではなく、ニガリによる苦味を生かして、丸みのある味を引き出すことに努めている」とは同社のコメント

干し方の工夫と必要なアイテム

天日干しは風が手伝えば乾きも早く、風通しのよい場所に吊るしておくことが決め手である。また、干物作りに最適な季節は晩秋から春先にかけての気温が低い時期といわれ、一年のうちで開き干しなどの干物が最もきれいに仕上がる。

このように、開き干しを代表とする干物作りは天日干しが基本である。干す時間はある程度水分が蒸発して、身の表面がベト付かなくなるくらいが目安だ。

風の有無や天候にも左右されるが、赤身魚よりも白身魚が早く、また、脂の乗った魚よりも淡白な魚のほうが早く干し上がることはいうまでもない。

だが、四季を問わず常においしい自家製の干物を作るためには、それなりの工夫も必要。

たとえば、春本番を迎えて日中になると気温が上昇する時期はどうするか。このような時は日の出とともに早起きをして、午前中の涼しい時間帯に乾し上げてしまうことが一番だ。

そして、ジメジメとした梅雨時から高気温の夏にかけての対処法は、都会干しとも呼んでいる冷蔵庫干しや市販の食品用脱水シートを併用するとよい。

このような夏場でも、気温がまだ低い早朝に適度な風が吹き抜ける日陰の場所を選んで、前夜から仕込んであった都会干しをほんの1~2時間だけ風にさらし、身の表面が一度乾燥させるとうま味を増す。扇風機を利用する手もある。

なお、開き干しなど自家製の干物は冷蔵保存で3~4日間以内に食べるほうが無難。長期保存する場合はラップフィルムや調理用ジップバッグを利用して密封し、冷凍保存を行なう。

しかし、あまり期間が長いと冷凍焼けして極端に味が落ちてしまうので、冷凍後1~2カ月間以内に食べ尽くすこと。

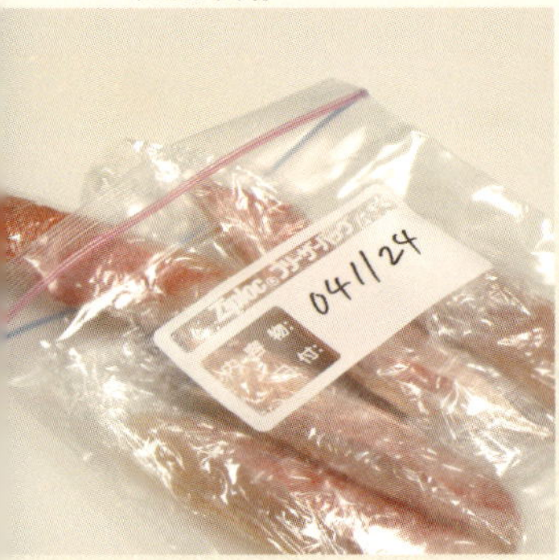

自家製の干物を冷凍保存する際、必ず作った日付が分かるようにしておくことが大切

干すためのアイテムとその使い方

【包丁と砥石セット】

日本料理のあらゆる調理には出刃包丁（下２本）と柳刃などの刺身包丁（上）が欠かせない。

干物作りには刃渡りの短い小出刃の出番が大半だが、マダイの硬い頭を梨割りにして開き干しを作る時には刃渡り20センチ前後の中出刃があると重宝するし、ショウサイフグの一口干しなどで身に切り分ける際はやっぱり、刺身包丁のほうが使いやすい。

また、包丁の切れ味を保つには砥石も必要不可欠。左から仕上げ砥、中砥、荒砥、修正砥石をそろえておくと万全だが、まずは中砥１本を用意しておけば間に合う。

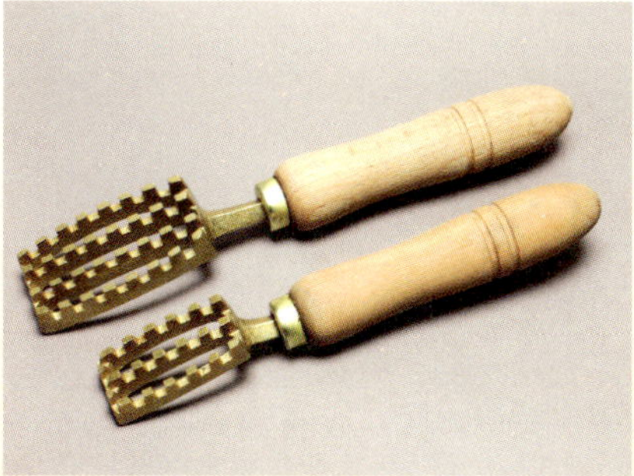

【ウロコ落とし】

専用品として市販されている鋳金製のウロコ落としは大小２本そろえておくと魚種の大きさによって使い分けられる。

【魚掃除用】

開いた魚の腹や頭の中には血ワタなどの汚れが残る。これらをこすり落とすには竹製のササラ（下）のほか、シロギスなど小型魚には歯ブラシを用意しておくと便利。

【竹串】

スルメイカなどツツイカ類の船上干しを作る際に、タックルバッグの中に忍ばせておきたいのは焼き鳥に使う竹串。全長15センチ前後の長めのタイプがよい。

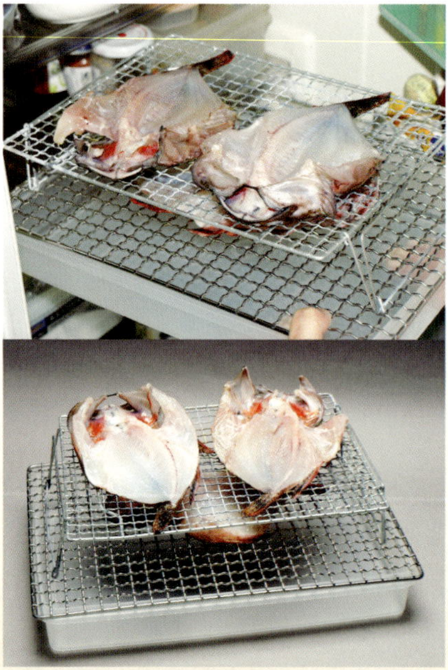

【干物台】

冷蔵庫の中で開いた魚の両面に冷気が行き渡り、より乾燥しやすいように工夫したのが「焼き網」を利用した干物台だ。密封容器の外箱を受け皿として、ここに大きめのモチ網、さらに折りたたみ脚付きの焼き網を乗せるのがキーポイント。安価なモチ網は100円ショップで購入でき、また、発泡スチロールなどをサイコロ状にカットして四隅に置けば、モチ網を段にすることが可能。

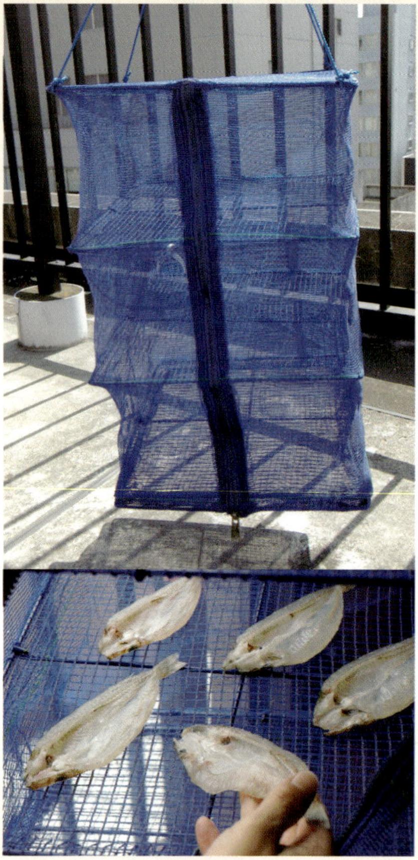

【干物器】

ザルなどを利用して天日干しにすることも可能だが、ハエなどの害虫を寄せ付けない折り畳み式のネット製干物器は自家製の干物作りには必需品だ。釣具店やアウトドアショップなどで市販されている。大中小サイズがあり、1000円前後と安価。

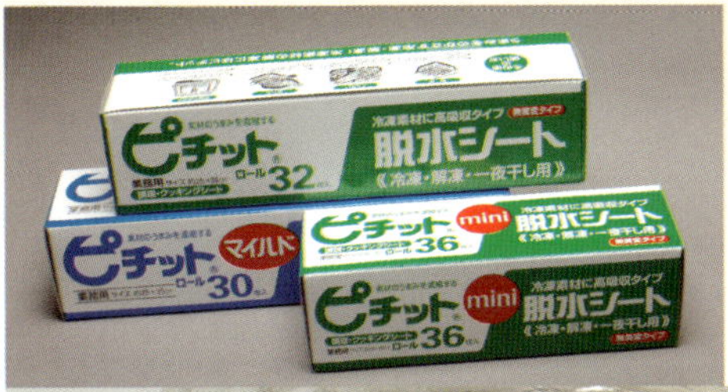

【冷蔵庫干し用シート】

開いた魚をそのまま冷蔵庫干しにすると、魚臭さが充満して家族からの苦情も多い。そんな時にはピチットなど市販の食品用脱水シートを利用するのが最善策である。価格的にはやや高価ながら吸水効果は抜群で、特に夏場の開き干し作りには重宝する。

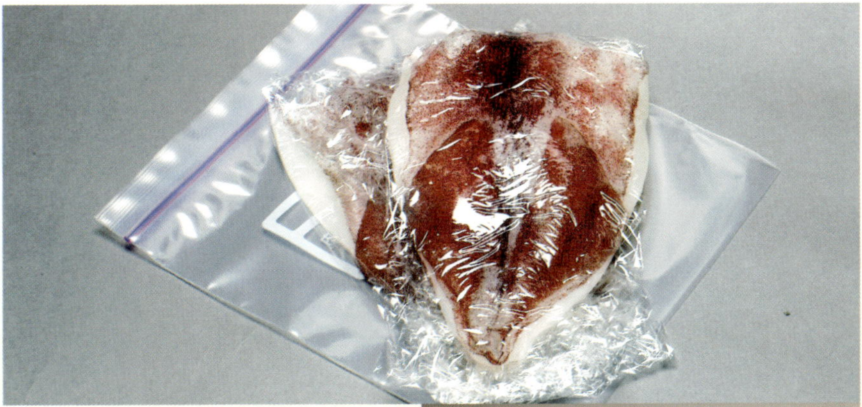

【冷凍保存用アイテム】

1～2カ月間の長期冷凍保存には、異臭をシャットアウトしてくれる家庭用のフリーザーバッグが欠かせない。開き干しの場合はまず1枚ずつラップフィルムに包んでおき、数枚をまとめてフリーザーバッグに収納して冷凍するのがキーポイントだ。ちなみに、袋には製造した年月日を書き記しておくことも忘れずに！

漬ける

Pickled Fish

味噌や麹、
しょう油、酢などの
うま味成分独特の
保存力にゆだねる保存食

漬ける保存食の様ざまなバリエーション

天日などに干すことで水分を抜く干物類に対し、「漬ける」は調味料類を加味して、それぞれの保存力にゆだねる保存食と解釈していただきたい。

その代表例としては「味噌漬け」「粕漬け」「しょう油漬け」「塩漬け」の4種類があり、本編にはアマダイ、カサゴ、キンメダイ、マダイなどの味噌漬けや粕漬けとともに、タチウオの項では関西方面の白味噌である西京味噌を使った西京漬けも収録している。

ある程度、長期保存が可能な味噌漬け（A）と粕漬け（B）に対し、しょう油漬けはどちらかというと、調理後3～4日程度の短期間でいただく刺身系に用いられることが多く、イサキのべっこう漬けやスルメイカの沖漬けなどが好例となっている（C）。

一方、干物とは別の工程で塩に漬ける塩漬けといえば、沖釣りファンに大人気の自家製イカの塩辛などである。

スルメイカを主材料として、最もポピュラーな赤造りのほか、麹とのコラボである白造り、イカ墨を混ぜ合わせた黒造りといったように三味の塩辛が楽しめる。さらに、マルイカやヤリイカをミックスするオリジナル塩辛もこれまたおいしい（D）。

また、塩で締めた上に酢の力を借りて、殺菌&保存効果とうま味も増す昆布締めは、どちらかというと刺身感覚でいただく代表例。本編で脂が乗った締めサバのほか、さっぱり味のサヨリやシロギスを取り上げている（E）。

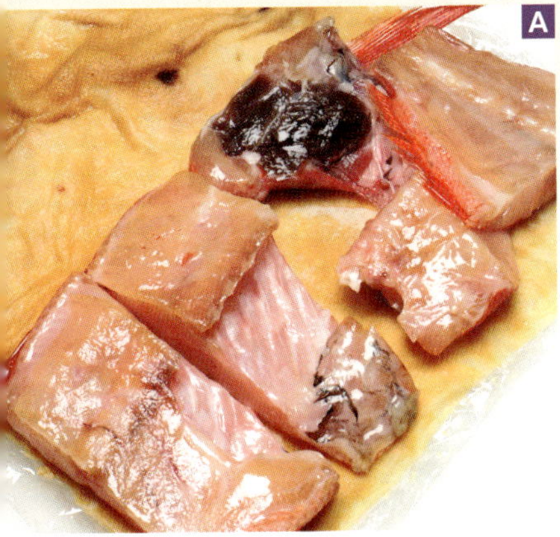

D

E

F

G

このような殺菌と保存性が高い酢を利用した料理は家庭の常備菜として重宝し、マコガレイの南蛮漬けの一品は二重丸のおいしさ。さらに洋風に目を向けるとマリネもビネガー（酢）が味を引き立てる保存料理の一つだ（F）。

これら漬ける保存食の保存期間はそれぞれ大きく異なる。たとえば、食べる段階で火を通していただく味噌漬けや粕漬けは冷凍保存向き。しかしながら、冷凍保存の場合でも短期間のうちに食べたほうが断然おいしく、冷凍後数カ月間も経ってしまうと冷凍焼けなどによって劣化して味が落ちる。

また、日本伝統として受け継がれてきた、いくつかの常備菜にも触れてみた。本編で取り上げたアナゴの佃煮とハゼの甘露煮は、江戸前風味に仕立てた一品だ（G）。

その一方で、本ガツオの角煮とそぼろは素朴な味がご飯のお伴として人気があり、見た目も美しいハナダイの桜でんぶは家族そろっての花見弁当などにおすすめしたい。

漬ける
Pickled Fish

漬ける保存食のための基本的なさばき方

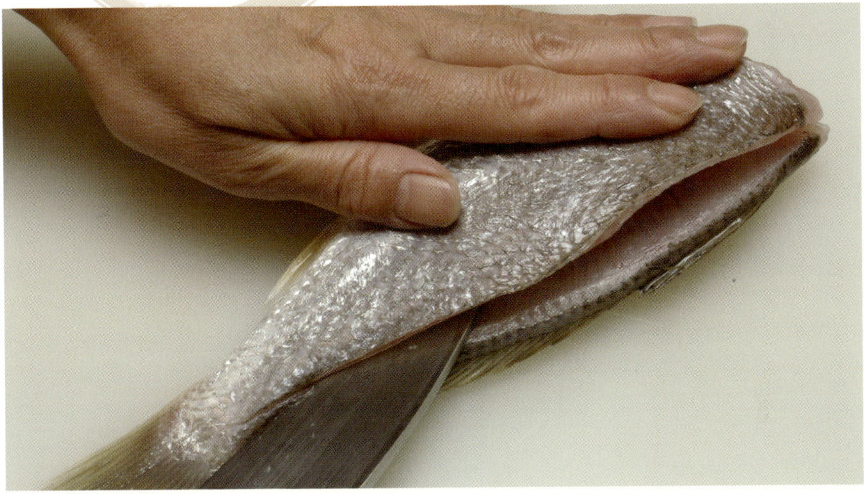

漬ける保存食を作るために使われる基本的な魚のさばき方は、一般調理でおなじみの「二枚おろし」と「三枚おろし」の2通り。

味噌漬けや粕漬けなど、中骨に付着する身までほぐしておいしくいただくには、片身に中骨を付けたままの二枚おろしが最適だ。

さばき方のキーポイントは生臭さが残らないよう、中骨に付着している血ワタを竹製のササラなどできれいに掃除しておくこと。

一方、片身2枚と中骨に切り分ける三枚おろしは大中型魚に向いており、特に頭や中骨といった中落ちのあらを潮汁など別の料理に流用する場合によい。

このほか、三枚おろしのバリエーションとして大名おろしがある。これは三枚おろしの簡易法で、頭を切り落とした胴体から一気に片身をおろしてしまう包丁さばき。

主にシロギスなどの小魚に使われるが、慣れないと中骨に身が残りやすいのが欠点。

【二枚おろし】

魚の頭を切り落とし内臓を取り除いた後に、背骨に沿って包丁を入れ、左身と右身に分ける。このとき、左身に背骨がついたままになっているが、この状態を二枚おろしという。

さばき方（例・サバ）

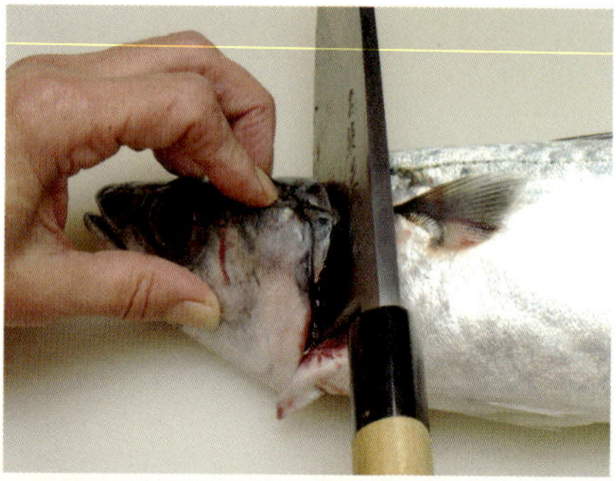

1 ウロコを引き落とした後、おいしい骨身を残したカマ付きの二枚おろし。エラ蓋に沿って両側から頭を切り落とす

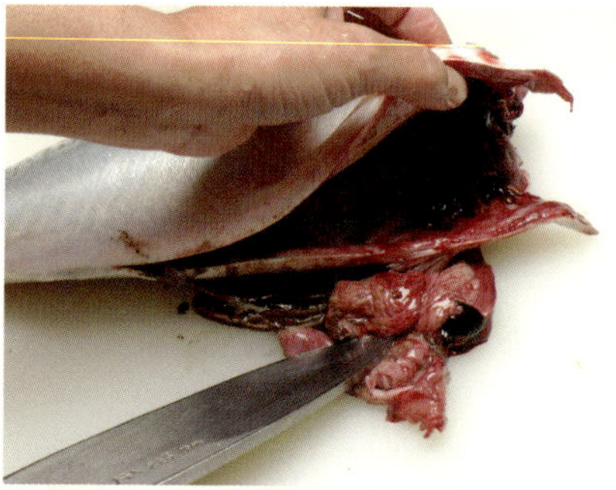

2 次に腹を割って内臓を取り出し、付着している血ワタなど汚れを掃除して水洗いをしておく

3 腹ビレと背ビレの両際から中骨に沿って切り開く

4 上身を切り取ると中骨付きと中骨なしの二枚おろし。保存食の場合には腹骨をすき取らないケースが大半

【三枚おろし】

三枚おろしは、右身、左身、中骨の三つの部分に魚を切り分ける、もっとも基本的な魚のおろし方。あらゆる料理に用いることができる上、骨の部分は中落ちと呼ばれダシに使用される。

さばき方（例・キンメダイ）

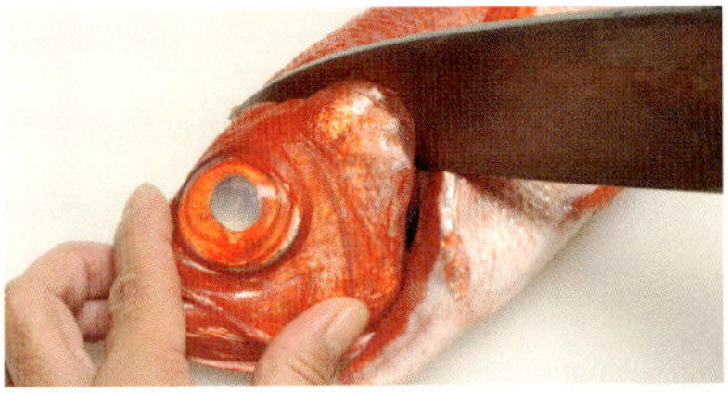

1 ウロコを引き落とした後、おいしい肩身やカマの身を残すにはエラ蓋に沿って頭を切り落とすとよい

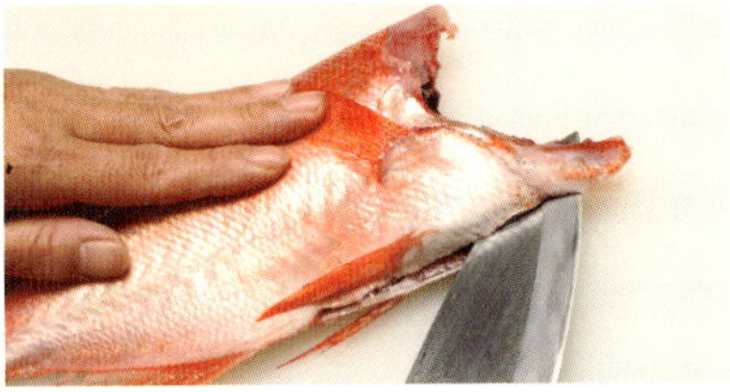

2 次にアゴ下から肛門まで腹を割る

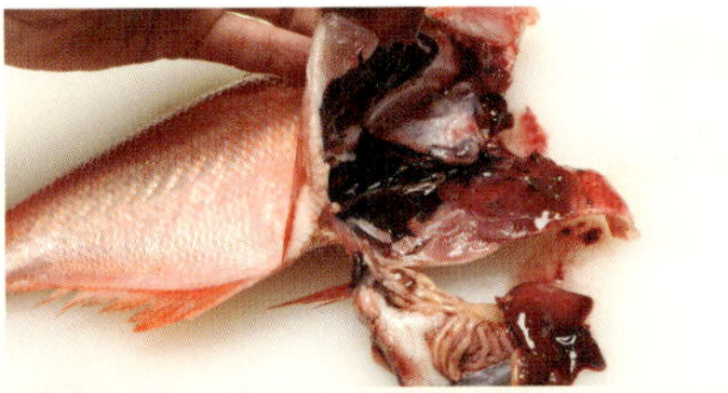

3 内臓を取り出し、血ワタなどの汚れを掃除して水洗いして水気をふき取る

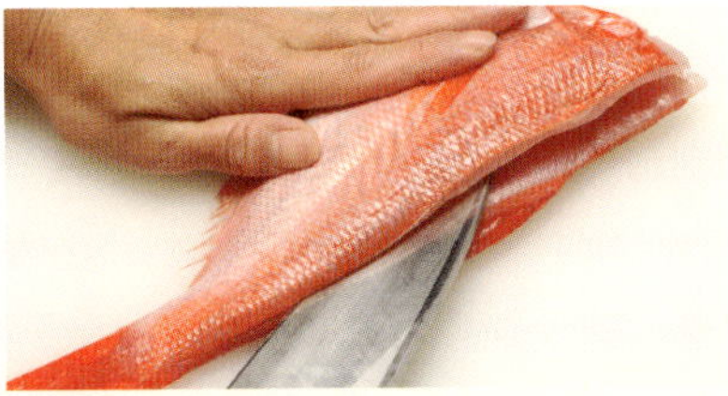

4 ここで背ビレと尻ビレに沿って中骨に届くまで切れ込みを入る

5 中骨と腹骨の接合部にある軟骨を切って、まずは二枚おろし

6 続いて、もう1枚の片身を切り取ると基本通りの三枚おろしになる

【大名おろし】

小型の魚や細長い魚では、包丁を一気に入れて切り離す大名おろしというさばき方が用いられる。大名おろしの大名とは、中落ちに身がたくさん残っていて贅沢であるという意味だ。

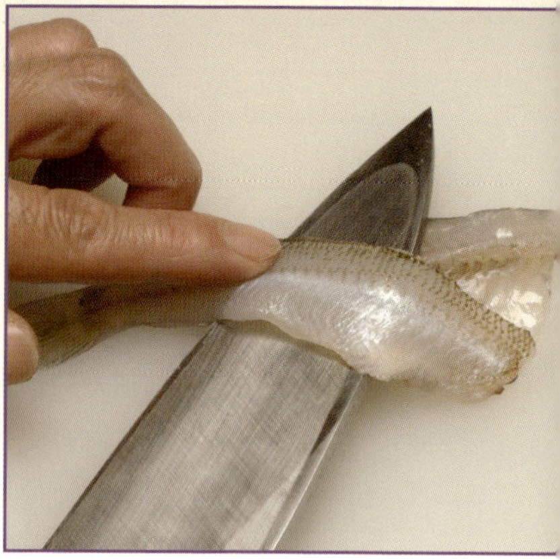

さばき方（例・シロギス）

1 ウロコを引いて、まずは胸ビレ下と腹ビレ下に沿ってたすきに頭を切り落とす

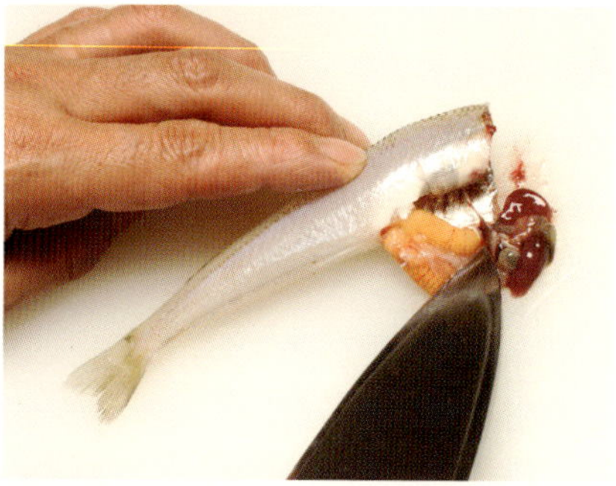

2 次に腹を割って内臓を取り出し、血合などを掃除して水気をふき取っておく

3 頭の切り口から刃を入れ、中骨に沿って一気に片身を切り取る

4 大名おろしでさばいた三枚おろしのでき上がり

漬ける!!
調味料にこだわる

【味噌】

　味噌汁をはじめお総菜から高級日本料理まで、日本人にはなくてはならない調味料の一つが味噌である。大豆の麹から生まれる味噌は米味噌、麦味噌、豆味噌の３種類に分かれている。

　米味噌（1）の代表例は信州味噌や白味噌の西京味噌（2）。また、麦味噌（3）は田舎味噌と呼ばれるものが多く、米味噌には赤味噌の八丁味噌が含まれる。

　それぞれ独特の風味と旨味成分があり、味噌漬けに使うと魚の生臭みをその粒子が絡め取って抑えてくれる役割もあるという。味噌選びは米、麦、豆お好み次第。価格的には値段が高いほどおいしい傾向が強いが、生臭みが移った味噌は他の料理に再利用できないのでほどほどに。

【米麹（こうじ）】

「みやここうじ」の名で市販されている乾燥米こうじが手に入りやすく、白造りの塩辛のほかこうじ漬けなどの漬物、自家製の味噌などに使われている。１袋200グラム300円前後。

1

こうじ菌が付着した乾燥こうじを指先で細かくほぐす

2

60度くらいのぬるま湯でひたひたに湿らす

3

常温で３～４時間置いておくとでき上がり

【酒粕】

もろみ酒を絞った後の残りカスで作った酒粕は魚介類の粕漬けのほか奈良漬け、ワサビ漬けなど用途が広く、甘酒も酒粕が原料。ペースト状の練り粕（左）と薄い板状の板粕（右）の２種類があるが、スーパーマーケットなどで広く出回っているのは板粕だ。300グラム入り200円前後と安価。

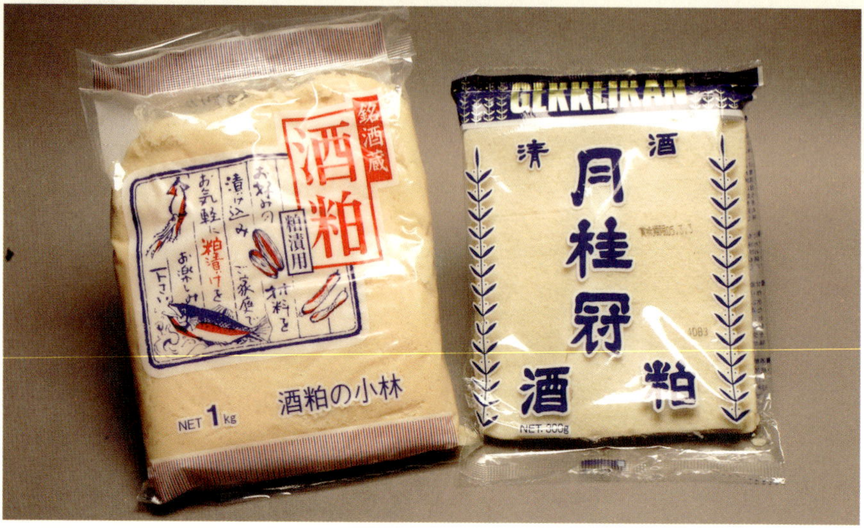

板粕を使った粕床の作り方

1

まずは板粕を40～50度のぬるま湯に15分間ほど浸して柔らかく戻す

2

何等分かに千切ってミリンや日本酒を加える

3

すり鉢とすりこ木を使って崩しながら練り込んでいく

4

フードプロセッサーを利用する場合は①②の後、数10秒間回転させるだけでOK

【しょう油】

塩や味噌と同じく、日本料理には欠かすことができない調味料であるしょう油は濃口しょう油（左）、淡口しょう油、白しょう油、たまりしょう油（右）に大別される。

漬ける保存食で一番出番が多いのは一般的な濃口しょう油である。とはいっても、製造メーカーや地域によって塩分の濃淡など味の違いが大きく、好みのしょう油を選べば問題ない。

【酢】

酢は塩に次ぐ歴史の古い調味料といわれ世界各国で使われてきた。それだけに、酢の主材料もバラエティに富んでいる。

日本を代表するのは米酢など穀物から造った穀物酢。フランスならワインから造ったワインビネガー。また、イギリスなどではモルトビネガーが有名だ。

塩や味噌、しょう油などの調味料同様、酢にもそれぞれ個性があるので、色いろな種類や製造メーカーの品じなを吟味してこだわってみるのも楽しい。

漬ける Pickled Fish

漬けるためのアイテムと使い方

【ペーパータオルとガーゼ】

味噌漬けや粕漬けを作る際、昔は水で濡らして硬く絞った医療用ガーゼやさらしを使ったが、水洗いしても臭いや色が落ちにくいのが大きな欠点。現代では使い捨てのペーパータオルがあり、買い求める場合には良質の厚手クッキングペーパーをおすすめしたい。

【ポリ密封容器】

廉価でも良質の製品が数多く出回っている平型や角型のポリ密封容器は、味噌漬けや粕漬け用のほか鮮魚の冷蔵保冷用、干物塩水用のタンクとしても必需品。釣魚の大きさや量によって浅底＆深底の２タイプとともに、大中小それぞれのサイズを常備しておこう。同メーカーの同シリーズの製品でそろえておくとコンパクトに重なり合い、冷蔵庫でも場所を取らずに済む。

【フリーザー用ジップバッグ】

大中小３～４サイズが市販されている密封性抜群なフリーザー用ジップバッグは、漬けるばかりでなく、保存食を冷蔵＆冷凍保存しておくアイテムとして大変重宝する。

たとえば、中小サイズには数切れずつの冷凍用切り身、また、大型サイズの場合は1切れずつラップフィルムに包んでおくと、好みの分だけ解凍することができる。

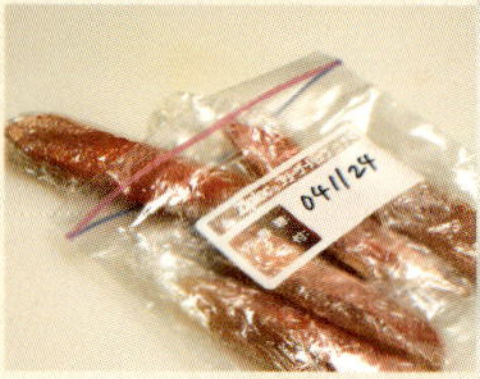

ラップフィルムと
クッキングペーパーの簡単漬け

1

クッキングペーパーの片側全面に薄く床を塗り、大きく切ったラップに貼り付けて左右どちらかの半面に切り身を置く

2

次にラップフィルムごと2つに折りたたんで被せ、ラップで包んだ後、さらに汁が漏れないようジップバッグに収納して冷蔵庫に入れておくだけだ

【鉄弓（てっきゅう）と金串】

強火の遠火という焼き魚の焼き加減が可能な鉄弓と金串のワンセットは、釣り人厨房派にとって古典的ながらあこがれのクッキンググッズだろう。

【煮揚げザル】

本編のアナゴの佃煮に使用したのが、煮揚げザルと呼ばれる竹ザル（右）。小型煮揚げザル（浅草合羽橋の竹製品専門店で1000～2000円）で、直径24センチの雪平鍋にピッタリサイズ。また、目の粗い一般的な丸ザル（左）でも代用でき、タコ糸で持ち手を作って置くと煮上がりの際に吊るし上げやすい。

ポリ密封容器と
クッキングペーパーを使った
基本の間接漬け

1

味噌や粕で作った床を用意し、まずは平らな密封容器の底に薄く伸ばして塗る

2

床の上にクッキングペーパーを敷いて切り身を並べる

3

もう1枚のクッキングペーパーに床を薄く塗る

4

床を塗った面を上にして切り身に被せ、残ったペーパーを折り込んで蓋をすれば間接漬けの完了

【密封ビン】

コーヒー豆をはじめ乾物類の保存に重宝する密封ビンは、マリネのようにオイルや液体を密封するにも最適。

練み

Fish Paste

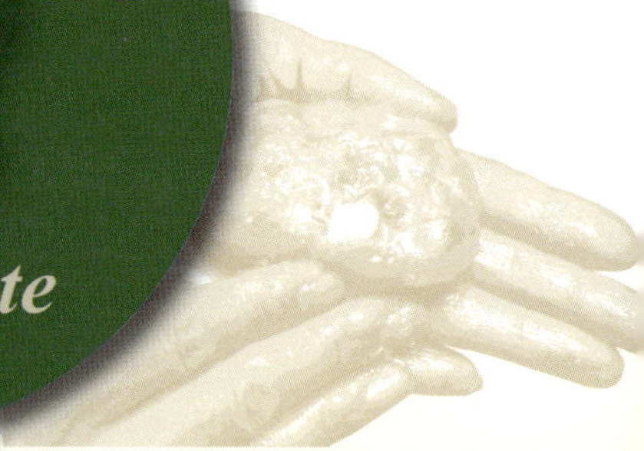

かまぼこ、はんぺん、
さつま揚げ etc.
魚の練り物は
どれもこれも庶民の味

練る保存食の様ざまなバリエーション

練る保存食とは、練り物のこと。作り方は魚肉に塩を加えてすりつぶしたすり身の中に、調味料やデンプンなどの副材料を混ぜ合わせ加熱凝固させることが基本になっている。

魚介類を使った代表的な練り物にはかまぼこやはんぺん、さつま揚げ、つみれ、ちくわなどがあり、どれもこれも庶民の食卓にいつも登場してくるおかず料理である。

かまぼこは、すりつぶした魚肉（A）を蒸し上げて凝固させた食品といえる。原材料は地方によって、スケトウダラやオキギス、グチなどの白身魚とさまざまで、味付けや仕上げの形も郷土色豊か。中でも小田原を中心とした板かまぼこは有名だ。

一般家庭で作る手作りかまぼこの場合、市販品のように美しく成型することは困難だが、それもまた手作りの味のうち。

しかも、白身の高級魚を惜しげもなくチョイスできるのは、釣り人ならではの贅沢だろう。本編ではカワハギのすり身を使った、手作りかまぼこ（B）を作ってみた。

一方、さつま揚げ（C）の名は鹿児島県薩摩地方が発祥の地といわれることが由来で、かまぼこと同じようにすりつぶしたすり身を油で揚げたもの。

練り身にウインナーなどの具を包み揚げするとおでん種となる

このため、地方によっては揚げかまぼことか天ぷらなどとも呼び、白身魚のほかアジやイワシなどの赤身魚でも作られる。

また、すり身の中にゴボウやキクラゲ、紅ショウガといった副材料（D）を混ぜ合わせることも多い。

本編にはアジ、イシモチのさつま揚げと、メバルの揚げかまぼこを紹介。

食べ方は蒸し立てのかまぼこや、揚げ立てのさつま揚げ（揚げかまぼこ）を熱あつのうちに、ワサビじょう油やショウガじょう油でいただくのが手作りの醍醐味。

また、軽く火であぶってもおいしく、このほか、おでんや鍋、うどんの種、さらに煮物などバラエティー豊富な料理を味わうことができる。

これらの練り物は、副材料なしのすり身の状態で1～2カ月間の冷凍保存も可能であるが、できれば、かまぼこやさつま揚げに調理した段階で冷蔵保存しておき、3～4日の間に食べることをすすめたい。

練る・揚げる・蒸すためのアイテムと使い方

【すり鉢とすりこ木】

別名は当たり鉢と当たり棒。ひと昔前まではトロロイモをすり下ろしたり、ゴマを当たったりとごく普通に、一家にワンセットあった調理器具である。

粘りを出すすり身作りには、今でも最新型のフードプロセッサーよりも勝るとはプロのご意見。一般家庭用として購入する場合は直径25センチくらいすり鉢が使いやすく、すりこ木の素材は山椒の木で作ったものなどがあり、ちょっと凝ってみるのも面白い。

すり鉢とすりこ木の使い方

1

すり身にする身はあらかじめ粗く刻んだ後、さらに出刃包丁で細かく叩いておく

2

すり鉢の下に水で濡らして絞ったフキンを据えて固定し、すりこ木の頂点を軸にして、胴に添えた手を回すようにしてすり上げていくのが基本

【揚げ鍋と油温度計】

これは本職が愛用する銅鍋で、直径27センチもので価格は1万円弱。銅鍋の長所は熱伝導率がよく油の温度差が少ないので均等に仕上がること。

しかし、一般家庭用としてはステンレス製や鉄製の天ぷら鍋でよく、ここ最近では深手のフライパンもよく使われている。また、揚げる油の温度に自信がない方は鍋ぶち取り付けタイプの油温度計を併用するとよい。

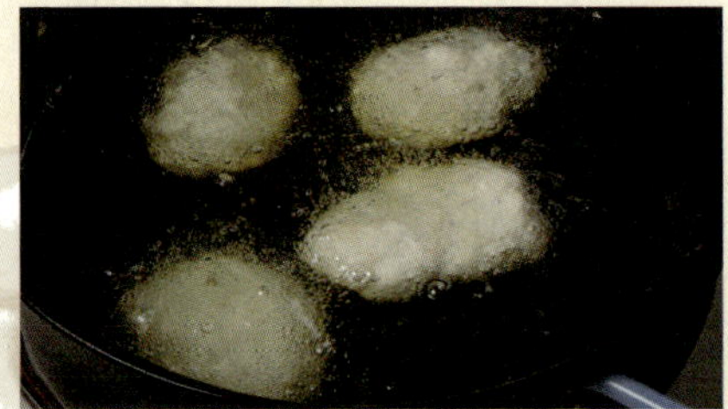

揚げ物を均等に仕上げるには、使用する鍋にも気を配りたい

【フードプロセッサー】

すり鉢とすりこ木に取って代わるフードプロセッサーは、「まぜる」「する」「きざむ」「おろす」「きる」など多機能な満載された最新の調理器具だ。

しかし、その用途が魚のすり身作りに限られるようなら「まぜる」「する」という2役だけの最も単純なタイプでOK。購入価格は安価な1万円弱から外国製の数万円までお好み次第。

フードプロセッサーの使い方

1

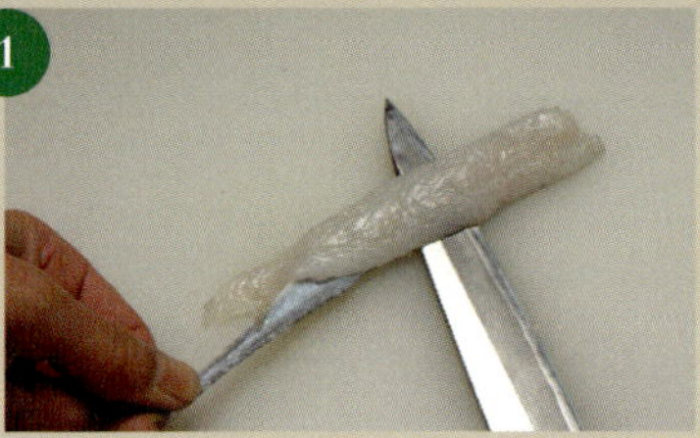

下ごしらえは三枚におろした片身から皮を引けばOK。大中型魚の場合は粗く刻んでおく

2

塩や調味料などとともに身を入れスイッチオン。わずか数10秒ですり身ができるが、長押しせずに時どきすり上がり具合を確かめるのがキーポイント

【蒸し器】

かまぼこ作りには必需品であるとともに、酒蒸しや茶わん蒸しなどの日本料理にも欠かせない調理器具だ。

これは直径25センチの2段式蒸し器。専用の蒸し器がなくても任意の鍋にセットできる製品があるほか、多機能の電子レンジでは蒸し物も可能。

蒸し器の使い方

鍋に水を張り、沸騰してしっかりと蒸気が上がっていることを確かめてから、材料を入れること

【調理用のはし】

東洋独特のクッキンググッズであるはしは料理をいただく個人用から、料理を作る調理用まで多種多彩。

代表的な調理用のはしといえば、竹や木で作られている菜ばし（上３本）。長短の菜ばしを数セット準備しておくと、あらゆる調理に使い回しが利いて大変便利だ。また、揚げ物用として金属の揚げばし（下）も1本用意しておきたい。

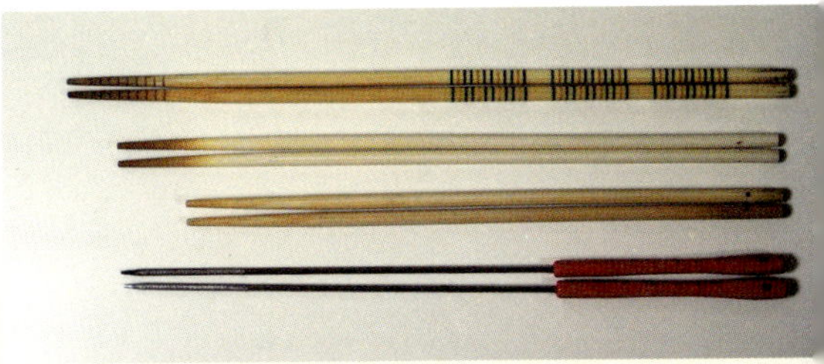

長さや素材など、調理用のはしは色いろ用意しておきたい

【耐熱ガラス容器】

かまぼこなどの蒸し物を作る際、下皿として重宝するのが大中小サイズの耐熱ガラス容器だ。電子レンジを使った蒸し料理もお手のもので、皿タイプにはラップフィルムを併用する。また、蓋付きタイプもある。ここ最近は安価で買い求めやすくなった。

燻す

Smoked Fish

煙のおかげで独特の風味が倍増!!長期保存も可能な保存食だ

燻す!! 保存食ってどんなもの

燻す保存食の代表選手は、石器時代から行われてきたという燻製である。魚や肉を天日に干すのではなく、たき火の煙のほうがより効果的に乾燥できる。と同時に、その煙のおかげで虫が寄りつかず風味も増して、保存期間も長くなることが分かったのが、燻製作りの始まりと言われる。

その後、塩の採れる沿岸域では防腐作用として塩蔵法が加えられ、今日私たちが食べている燻製が完成された。日本の燻製品といえば、本ガツオで作られているかつお節が有名だ。

このような燻製には煙の温度が低いほうから冷燻、温燻、熱燻という3種類の燻煙法がある。しかし、スモークサーモンや生ハムに代表される冷燻は下ごしらえなどに手間がかかり、また、設備も大がかりになるため、本編では難しいことは抜きで、釣り人でも手軽に作ることができる温燻と熱燻の中間的な燻製作りを紹介している。

上記のように、5つの工程で仕上げる。

本編で説明しているのはショウサイフグ、スルメイカ、マダコという3魚種で、これらの燻製は長期間保存する目的ではなく、風味豊かな副産物としての燻製を目指したため、口当たりがよい程度のスモーキング仕上げ。このため、冷蔵保存で長くても1週間以内に食すこと。

1 魚介類の下処理

魚をさばいて内臓やエラ、そして血ワタなどの汚れを掃除して水洗い

2 塩漬け

塩や塩水などに浸して味を施す

3 風干し

燻す前の水抜き処理として干す作業。夏場などの高気温時には脱水シートを利用するとよい（写真）

4 燻煙

スモーカーなどを利用して魚介類を煙で燻す作業

5 風干し

燻し上がったものに風を当てて、余分な臭気を飛ばす最後の作業

燻す
Smoked Fish

燻製に必要なアイテムと使い方

【燻煙材】

燻煙の材料は主に、燻煙材を細かく刻んだスモークチップと、パウダー状にした燻煙材を棒状に固めたスモークウッド（写真）の２種類が市販されている。

ボール紙折り畳み式スモーカー専用としては、他の熱源がなくても一度火をつけると煙を出し続けるスモークウッドがおすすめだ。

スモークウッドなどの燻煙材にはサクラ、リンゴ、ナラ、ブナ、ヒッコリー、オニグルミなど５～６種類があり、魚介類用にはナラとブナがよく合うそうだ。また、２～３種類の燻煙材を混ぜて使ってもよい。

【ネット製の折りたたみ干物器】

干物作りの定番アイテムともいえるネット製の折りたたみ干物器は釣具店やアウトドアショップで購入できる。

一般的な開き干しの場合は、内部ネットに直接乗せて干せばよい。

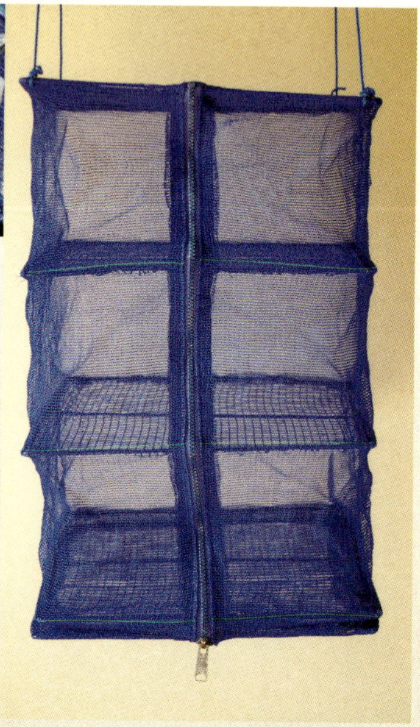

干物器の縦干し用改良法

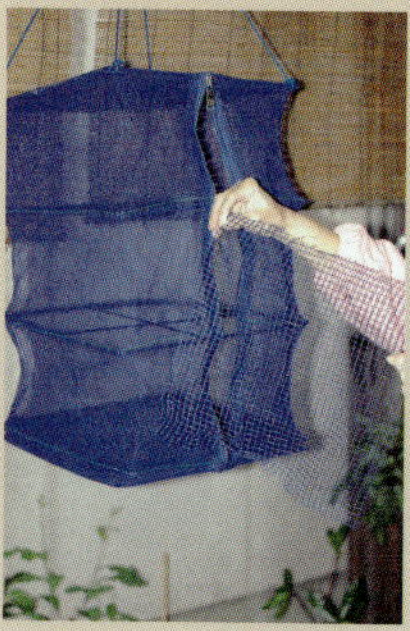

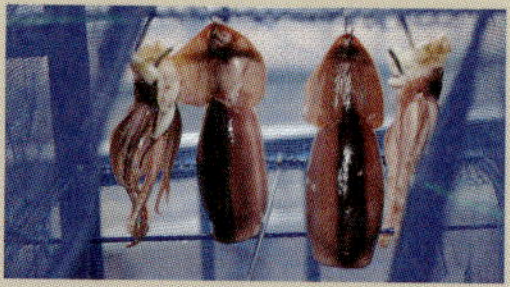

最もポピュラーなネット製干物器はナイロン網２～３段式だ。だが、Ｓ字フックに引っ掛けたスルメをそのまま縦に吊るすには、棚部分の横網が邪魔するため、思い切ってハサミで切り取ってしまったのがこれ。元には戻せないが、1000円前後の安価な干物器だから、もう一つ買い足せばいい

【スモーカー】

スモーカーこと燻製器は大手のアウトドアショップにいくと、数多くの製品が並んでいる。その大半が金属製の中小型燻製器で、温燻または熱燻向きの一般家庭および野外用だ。

筆者も随分前に買い求めた金属製の燻製器があるのだが、今はもっぱら同じアウトドアショップで売っているボール紙折り畳み式スモーカーを愛用している。これに付属部品からスモークブロック、使用説明書までセットされており、ボール紙だから使い捨てだと思っていたら繰り返し使用できるほど丈夫だ。価格も2000円以内ほどとリーズナブル。

ボール紙折り畳み式スモーカーの使い方

1

説明書に従えば、組み立ては簡単。内部には燻す材料を置くための金網と木棒がセット可能

2

できるだけ燻煙を逃さないよう、小窓から仕上がり具合をチェックできる

【燻製作りも塩次第】

本編で紹介した燻製は複雑な調味料を加えず、釣り立ての鮮度抜群な魚介類の持ち味を最大限に活かすため塩味一本で仕上げた。塩は干物と同じく、やや高価でも自然海塩にこだわった。

【S字フック】

紹介したボール紙折り畳み式スモーカーにも、数個のS字フックが付属されているが、スモーカーのお助けグッズとして100円ショップで買い求めて追加しておくとなにかと便利。

たとえば、燻煙が回りにくいイカ類やマダコは写真のようにS字フックで吊り下げておくことができ、その状態で取り外すことも可能。

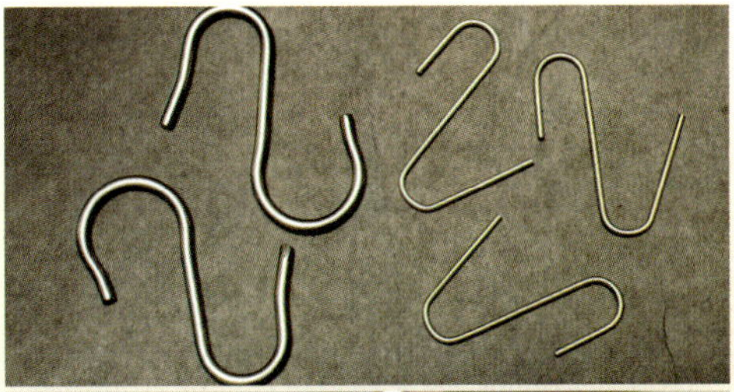

アジ

**アジは釣りたてを刺し身、タタキで食べても
もちろんおいしいが、酢で締めたり、煮たり焼いたりと
手軽にできる料理法がたくさんある。
干物と言えばだれでも思い浮かぶアジの開きはその代表だ。**

干す Dried Fish

アジの開き干し

アジの保存食といえば、もちろん干物をおいては語れない……

材料

●アジ
●約8パーセントの塩水（水1リットルに対し粗塩80グラム、日本酒50cc）

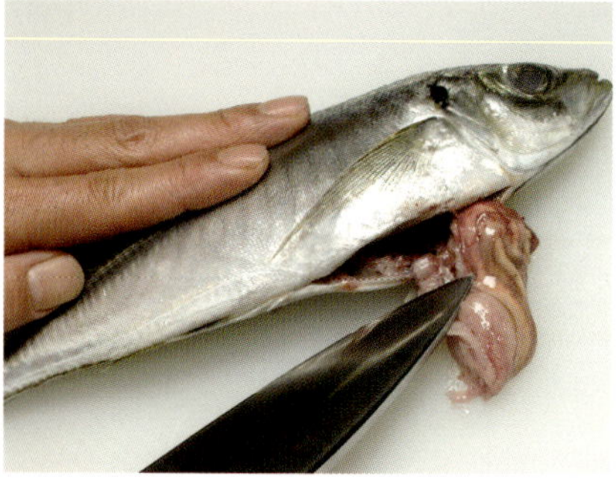

1 アジはウロコを引き落としたら腹を割って内臓を取り出し、ざっと水洗いをする

2 まずは頭を右に向けて置き、肛門から包丁を入れて尾の付け根まで腹身を切り開く

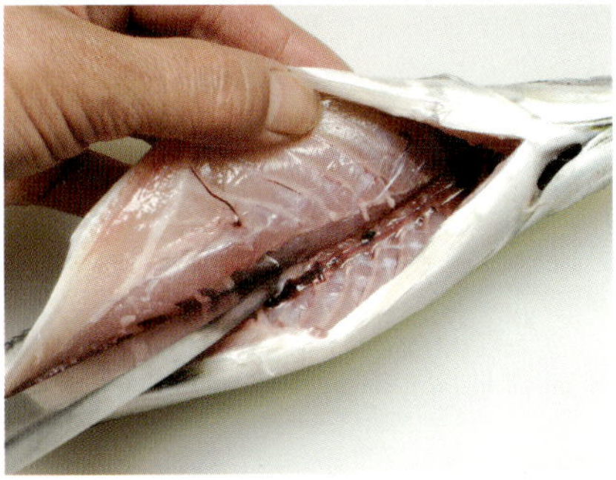

3 次に中骨と腹骨の接合部の軟骨を次つぎにカットしながら背身を開くが、慣れないうちは腹部を少し上に向けるとやりやすい

4 慣れてきたら包丁の切っ先で軟骨を探り当て、指先で確認しながら皮1枚を残して尾の付け根に向かって背身を切り開く

5 続いて、中骨を避けるようにして頭の中心線に包丁を突き立て、少し力を入れて半分に割る

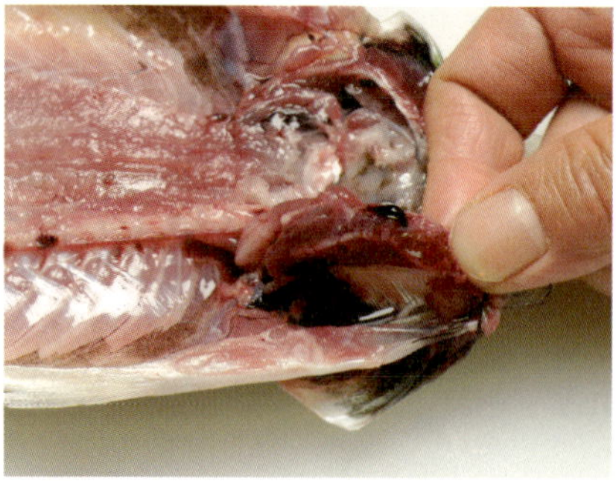

6 ここで頭の左右に分かれたエラをちぎり取る

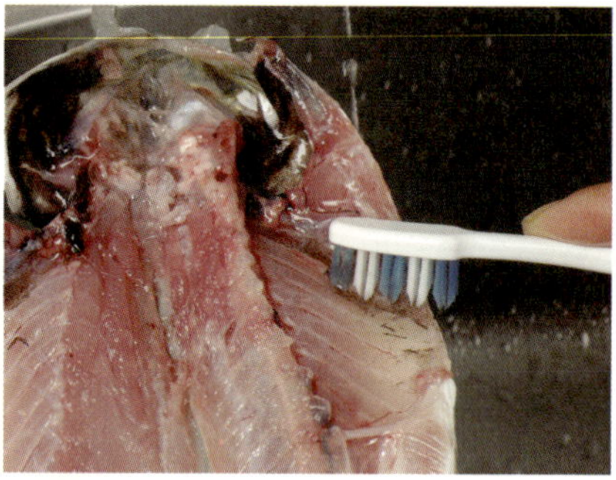

7 歯ブラシを使って、流水の下で中骨の血ワタや頭に残っている内臓、腹骨に付着している黒い腹膜を手早く掃除する

8 アジの腹開きの完成

9 通常は約8パーセントの塩水に30分間漬けるのが目安。気温がやや高い時期や脂の乗りがよいアジは40～45分間と少し長め

10 干す時間は4～6時間。身の表面に触れてみて、ペットリ感がなくなり弾力が増せば干し上がり

練る
Fish Paste

アジのさつま揚げ

練り物の定番魚・イシモチに負けず劣らずのうまさ!!

材料

●アジの身300〜350グラム（23〜24センチ級アジなら４尾分が目安）
●ささがきゴボウ（細物）半本、ニンジンの千切り（小）半本、むきギンナン10個、卵１個、小麦粉大サジ４、ショウガ汁大サジ１、塩小サジ１、揚げ油、大根おろし、おろしショウガ

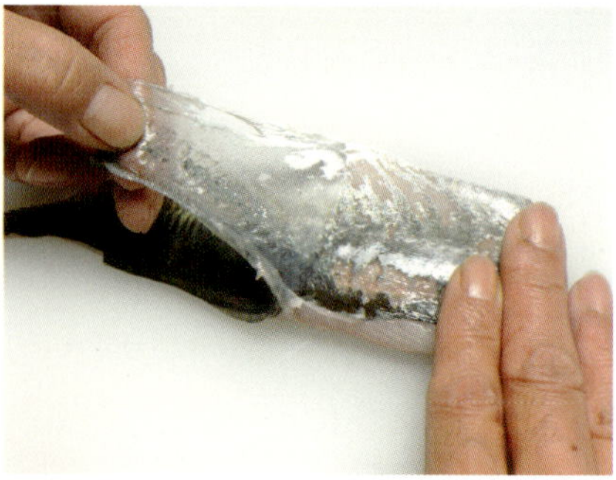

1 アジは基本どおり三枚におろし、頭側から皮を手むきではぎ取る。この際、腹身がちぎれやすいので注意すること

2 次に腹骨をすき取ればアジの下処理は終了。背身と腹身の接合部に並ぶ血合骨は取り除かなくてもよい

3 出刃包丁で刻んだ後、できるだけ細かく叩く

4 すり鉢に移して、すり身に粘りが出るくらいまで根気よくすっておく

5 卵、小麦粉、ショウガ汁、塩を入れて、さらにすり上げる

6 最後にゴボウ、ニンジン、半割りのギンナンを加え混ぜ合わせればOK

7 両手に食用油を塗って適度な分量を取り、キャッチボールをする感じで空気抜きをした後、バットなどに並べておく

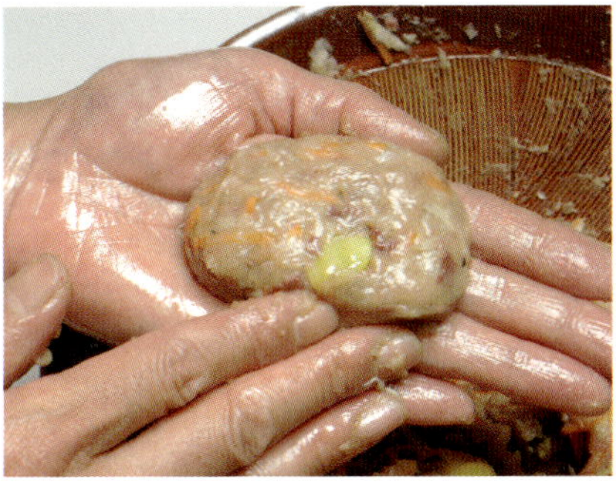

8 揚げる直前に好きな形に整えるが、写真のような小判形が基本

9 160度くらいの低温に熱した油で素揚げにする。油の泡が細かくなって、表面に浮き上がってくれば揚がった証拠

10 まだ生揚げなのか心配なときは、半分に割ってみるとよい。大根おろし&ショウガを添えて、しょう油でどうぞ

ADVICE

すり身の冷凍保存

さつま揚げは日持ちする保存食。もちろん作り立てが一番だけど、しっかり冷凍保存しておけば、おいしくいただけます！

作り方【4】の段階、つまり調味料や具を加えず、すり身が完成した段階で、作り置き用を家庭用のジップバッグに入れて冷凍庫へ。この状態なら数カ月間の冷凍保存が可能だ。

アナゴ

春から初夏にかけての夜アナゴは、
東京湾の風物詩ともいえる釣り。
釣ったアナゴは船長が割いてくれるサービスもある。
天ぷら、白焼きは格別。江戸前を代表する味の佃煮もおすすめだ。

漬ける
Pickled Fish

アナゴの江戸前風佃煮

さらさらっといただく
茶漬けがうまいアナゴの佃煮

材料

●アナゴ８本に対しショウガの薄切り大1片
●煮汁（しょう油600cc、上ザラメ250グラム、ミリン250ccが目安）

1

包丁の峰でヌメリをこそいだアナゴの身を、少し傾けたまな板に皮目を上にして乗せ、手早く熱湯を回しかける

2

熱湯を回しかけたら、ただちに氷水の中へ

3

もう一度包丁の峰で皮目をこそぐと、完璧にヌメリが落とせる。よく洗い流して水気をふき取っておく

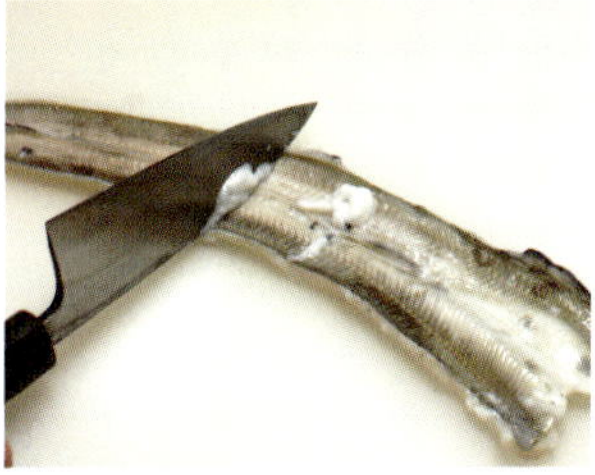

4

下処理を終えたアナゴは一口か二口大に切り分けておく

5

鍋に煮揚げザル（または丸ザル）を敷き、最初にショウガの薄切りを並べる

6

並べたショウガの薄切りの上にアナゴの身は皮を下にして体裁よく並べる

7

落とし蓋をしてアナゴが十分に浸るくらいまでしょう油を注ぎ、中弱火で煮立てる

8

煮立ってきたら弱火に落とし、約5分後ザラメを加えて落とし蓋をして煮続ける。途中で煮汁が少なくなったらしょう油を継ぎ足す

9

さらに20～25分煮たら、仕上げとしてミリンを加えて再び落とし蓋をする

10

10分ほど煮た後、ザルごと煮汁を切ってそのまま冷す。常温保存で3日間から1週間。冷蔵は佃煮が硬くなるので禁物

アマダイ

**徳川家康の好物と言われた興津ダイとはアマダイのこと。
味のよさは折り紙つきで、秋から冬にかけての人気魚だ。
開き干しは干物の最高級品として
知られるが、自分で作れるのはまさに釣り人の特権だ。**

干す *Dried Fish*

アマダイの開き干し

その名の由来ともいわれる
独特の甘みを持つ身を、存分に味わう!!

材料

●アマダイ
●約8パーセントの塩水（水1リットルに対し粗塩80グラム、日本酒50cc）

1 アマダイは背開きにすると仕上がりがよい。今回はウロコを残したままさばく。まず頭の付け根に切っ先を刺し入れる

2 背ビレ際を中骨に沿って、背身を尾の付け根まで切り開く

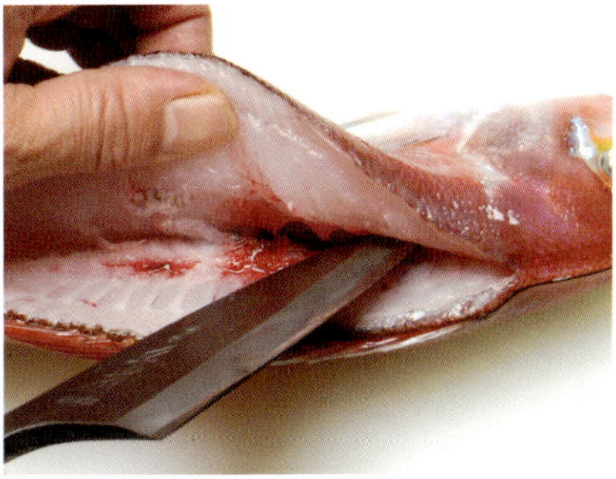

3 続いて包丁の向きを変え、逆さ包丁で腹骨と中骨の接合部の軟骨を切る

4 包丁の向きを戻して皮1枚を残しながら、腹身を切り開く

5 ここで魚を立てて、中骨を避けるように頭の中心に包丁を突き立て、少し力を入れて半分に割ると背開きの完成

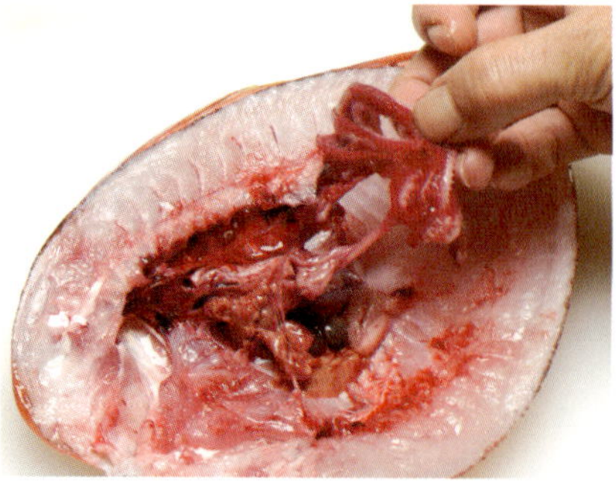

6 さらに左右のエラと内臓をちぎり取る

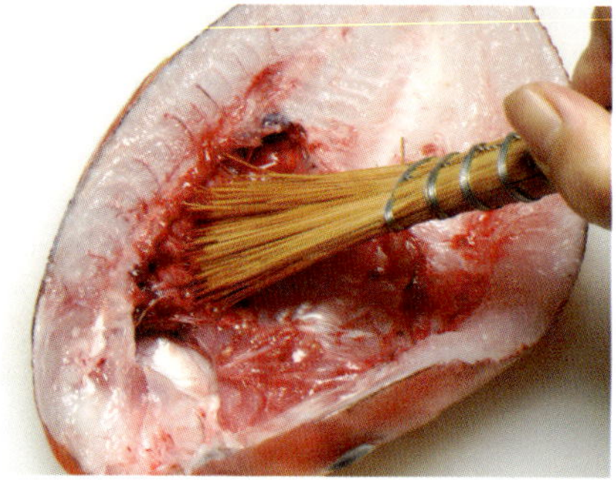

7 竹製のササラか歯ブラシで血ワタなどを掃除し、きれいに水洗いして水気をふき取っておく

8 塩分濃度約8パーセントの塩水に漬ける。25～30センチの中型アマダイは25～30分間浸けるのが目安

9 干し時間は3～4時間で身の表面に水気が残る生干しに、6～7時間だとしっとりとした開き干しに仕上がる

漬ける
Pickled Fish

アマダイと酒粕は相性抜群。
焼くほどにこうばしい酒の香りが
食欲を増す !!

アマダイの
粕漬け

材料

- アマダイ
- 粕床（酒粕300グラム、ミリン・日本酒各大サジ3が目安）、粗塩、良質のペーパータオルとラップフィルム

1 ウロコはウロコ落としで処理した後、ヒレの付け根などは出刃の刃先を使うと落としやすい

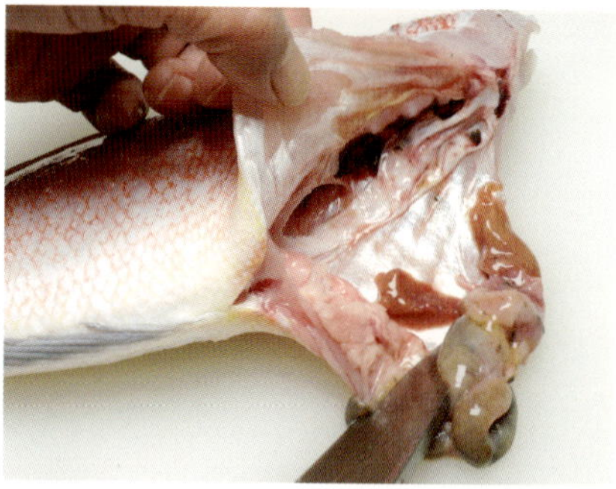

2 頭を切り落として内臓を取り除き、中骨に付いている血ワタを掃除してきれいに水洗いする

3 基本どおりの三枚おろしでさばく。二枚おろしにしてもいい

4 両面に薄く塩を振って2～3時間寝かせて身を締め、漬け込む前に余分な水分をふき取る

5 まず酒粕とミリン、日本酒で作った粕床をペーパータオル全面に薄く伸ばして塗る

6 大きめにカットしたラップフィルムに粕床面をかぶせたら、その半面にアマダイの身を並べる

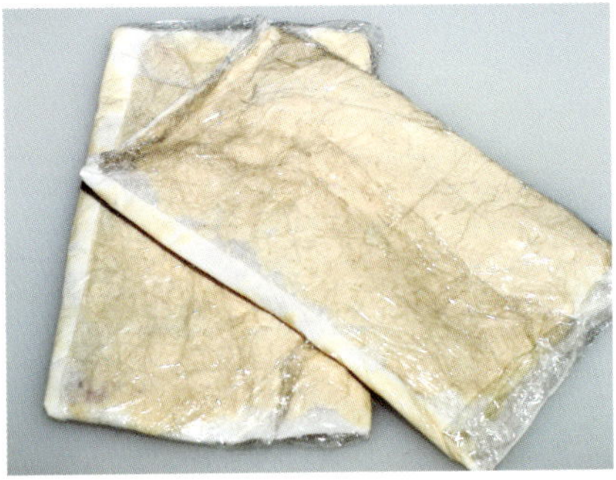

7 これを半分に折って包み、冷蔵庫で寝かせればOK。漬け込む日数は3～4日間がベスト

8 焼き網で焼くと皮がはがれることが多い。少量の油を垂らしたフライパンで焼く手もある

9 理想は鉄弓と金串を使い強火の遠火で焼くといい。仕上げにミリンをひと塗りしててりを出す

RECIPE

ここでもう一品!!

【アマダイの皮のウロコ揚げ】

マダイの日本料理として知られる皮のウロコ揚げのアマダイ版で、米菓のおかき感覚でいただける。

【材料】 アマダイのウロコ付き皮、粗塩、揚げ油

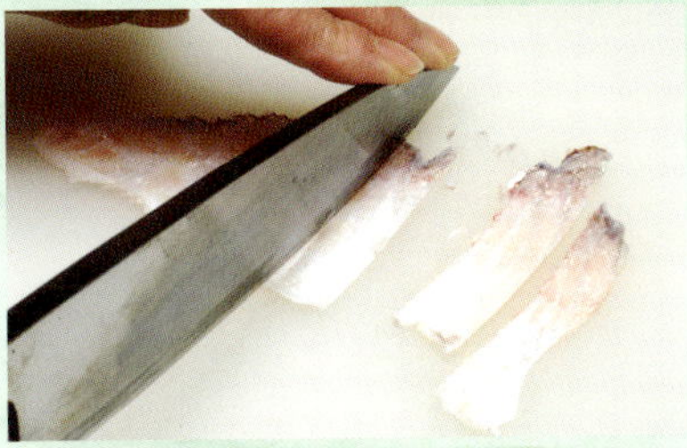

❶昆布締めなどを造る際、ウロコが付いた状態で三枚におろして皮を引き、ウロコを下にして出刃で押し切るように短冊に切り分ける

❷皮のヌメリや水気をよくふき取り、160～165度の低温で気長にこんがりと揚げ、塩を振る

イイダコ

イイダコは夏から秋にかけての釣り。
愛嬌のある姿とビギナーでも簡単に釣れることから、
ファミリーフィッシングにも最適だ。
おでんのネタとして知られるが、下処理が楽で様ざまな料理に向いている。

漬ける
Pickled Fish

イイダコのこうじ漬けとタコ明太

こうじ漬けは独特の風味と口中に広がる
上品な甘みが持ち味!!

1 内臓、目玉、カラストンビを取ったイイダコは熱湯に一瞬くぐらせて湯通しをし、レア状態で上げる

2 素早く氷水の中で粗熱を取って、水気をよくふき取る

3 胴体を2～3分割、足は1本ずつに切っておく

4 戻しこうじは乾燥こうじを指先で細かく崩して、こうじが浸るくらいにミリン湯を加える

材料

こうじ漬け●イイダコ100グラム、塩大サジ1.5～2、乾燥こうじ25～30グラム、ミリン湯（ミリンを50～60度の湯同量で割ったもの）、赤唐辛子の輪切り少々
タコ明太子●イイダコ、市販の明太子

5 ラップフィルムをかぶせて常温で5～6時間置く。左はミリン湯を加えた直後。右は寝かせて仕上がった状態

6 すりこ木などで軽く潰して、半潰しのこうじにする

7 ボウルの中でイイダコ、戻しこうじ、塩、赤唐辛子を混ぜ合わせ、密封容器に詰めて冷蔵庫へ。3～7日が食べごろ

8 保冷して寝かせている過程で日に1～2回、軽くかき混ぜることを忘れずに！

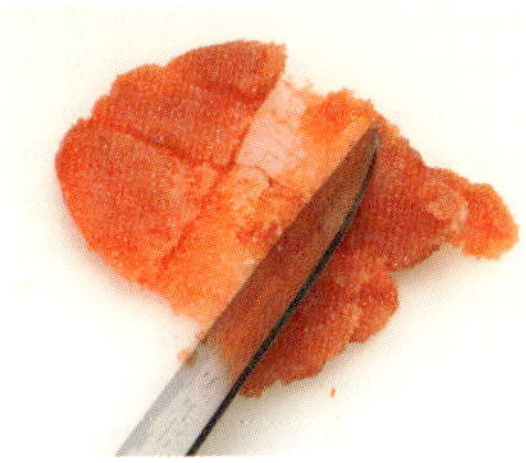

9 一方、タコ明太子はまず明太子に筋を入れて中身を包丁でしごき出し…

10 刻んだイイダコと合わせる。すぐに食べられるが、密封容器で保冷して2～3日間寝かせるとさらに美味

イサキ

**シャープな引きが売り物のイサキは初夏に旬を迎える。
アジと同じく群れを狙う魚なので、
20～30尾釣れることも珍らしくはない。
保存料理を覚えておきたい魚のひとつだが、骨が硬い点に注意しよう。**

干す Dried Fish

イサキの開き干し

淡いピンク色の身に、上品な脂が霜降りのごとく刺したイサキの干物は絶品!!

1 イサキはウロコを引き落とし腹を割って内臓を取り出したら、ざっと水洗いをしておく

2 腹開きはまず、頭を右にして肛門から包丁を入れて、尾の付け根まで腹身を切り開く

3 次に包丁の向きを変え、逆さ包丁で中骨と腹骨の接合部の軟骨をカットした後、包丁の向きを戻す

材料

●イサキ
●約8パーセントの塩水（水1リットルに対し粗塩80グラム、日本酒50cc）

4 背に指先を当てて切っ先を確認しながら皮1枚を残し、頭の付け根から尾に向かって背身を切り開く

5 ここで腹を上にして、中骨を避けるように頭の中心線に包丁を突き立て、少し力を入れて半分に割る

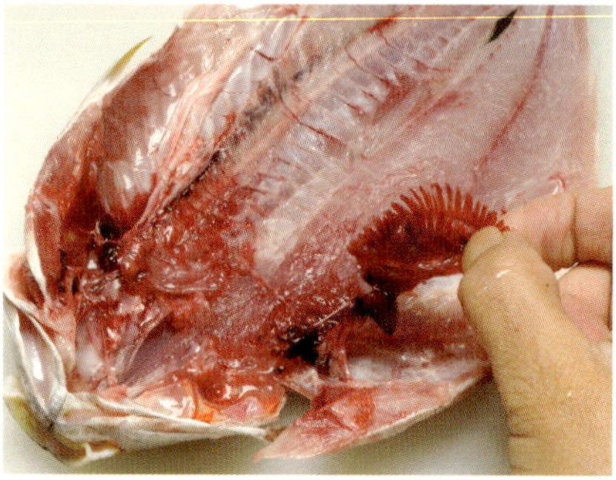

6 腹開きができたらエラ蓋の内側左右のエラをちぎり取る

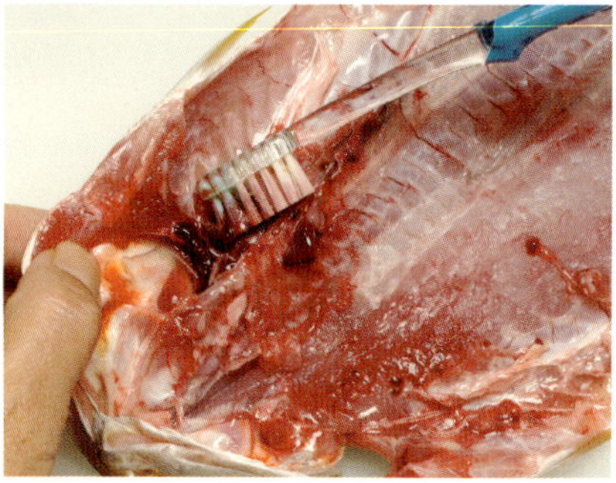

7 歯ブラシを使って中骨の血ワタや頭に残っている内臓を掃除し、きれいに水洗いをする

8 約8パーセントの塩水を作り、22～23センチの中型イサキは約40分間漬けるのが目安

9 市販の簡易干物器で5～6時間干す。身の表面に少しウエット感が残り弾力が増せば干し上がり

漬ける
Pickled Fish

べっこう漬けの手こね寿司

フレッシュな青唐辛子の
ピリ辛を加えたしょう油漬けで、
手こね寿司!!

材料

- ●イサキ
- ●漬けだれ（しょう油50cc・日本酒100cc、青唐辛子の小口切り1～1.5本の割合）
- ●大葉の千切り、糸切りの焼き海苔、白髪ネギ（長ネギの千切り）、白ゴマ
- ●寿司飯（市販の寿司酢、炊きたてのご飯）

1 イサキは基本どおりに三枚におろす

2 腹骨をそぎ取った後、35センチ級の良型は背身と腹身に切り分けて血合骨をそぎ取る

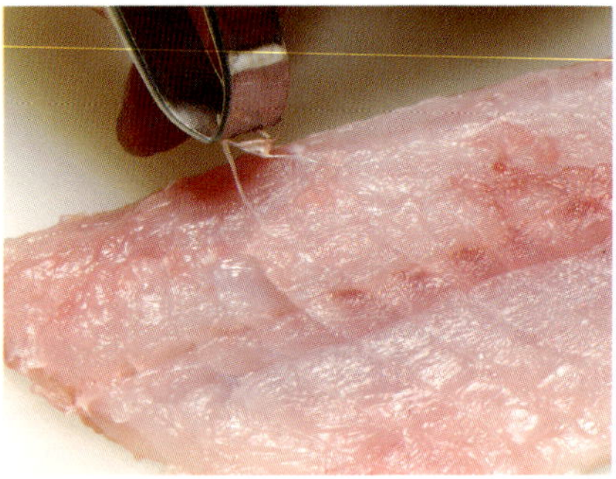

3 一方、22～23センチの中型は専用の骨抜きで血合骨をていねいに抜き取り、半身のまま使う

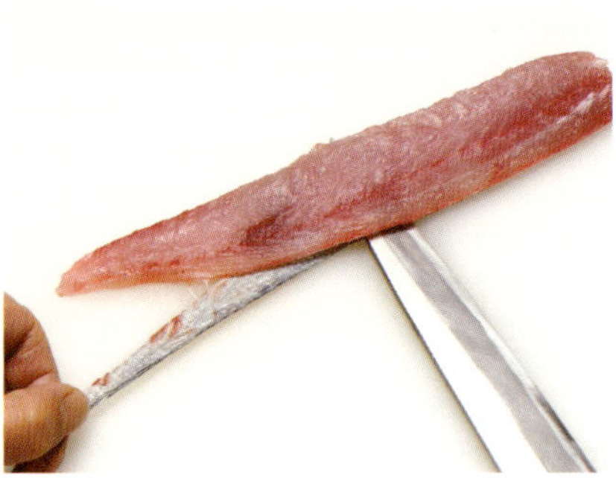

4 ここで❷、❸の皮を引いておく

5 漬けだれはしょう油と酒をひと煮立ちさせてアルコール分を飛ばし、火を止めて青トウガラシを入れて冷やす

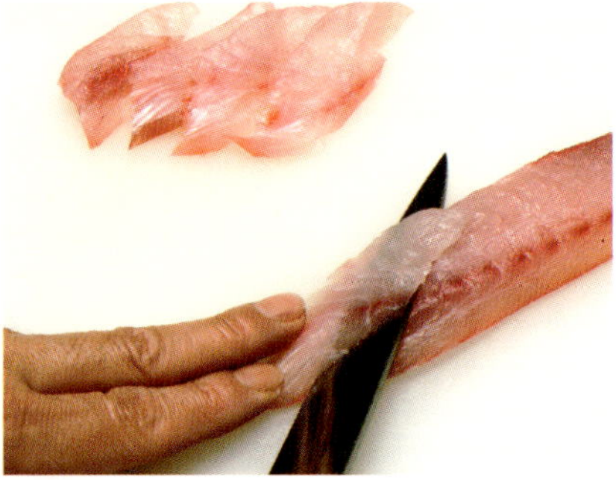

6 厚さ6～7ミリのそぎ切りに切り分ける

RECIPE

ここでもう一品!!

べっこう漬けの山かけ

【材料】イサキのべっこう漬け、大和イモ、万能ネギなどの青ネギ

作り方はごく簡単。小鉢にすり下ろした大和イモとイサキのべっこう漬けを盛り付け、薄く小口切りにした青ネギを散らす。酒の肴に絶品である。

7 漬けだれに漬け込み、2時間ほどすると淡いしょう油色に染まってくる。浅漬けが好みならこの段階でもOK

8 1～2日間漬け込むと透明感を増しヌメッとした食感に変わる。3～4日間が食べごろ

9 飯台で寿司飯を作り、べっこう漬けとともに具材を散らして食卓へ。ざっくりと混ぜ合わせて召し上がれ!

イシモチ

沖釣りでも堤防釣りでも狙えるイシモチは、
比較的釣り方が簡単で、食いがよければ数もそろう。
淡白な白身はクセがなく、どんな料理にも向く。
さつま揚げはイシモチの定番料理とも言える。

干す Dried Fish

イシモチの開き干しといしる干し

塩水干しもいいけれど、ひと味違う
魚しょう風味のいしる干し!!

材料

- ●イシモチ
- ●開き干し用（水1リットルに対し粗塩80グラム、日本酒50ccの約8パーセントの塩水）
- ●いしる干し用（市販のいしる100ccに対し水300～400cc、日本酒50cc）

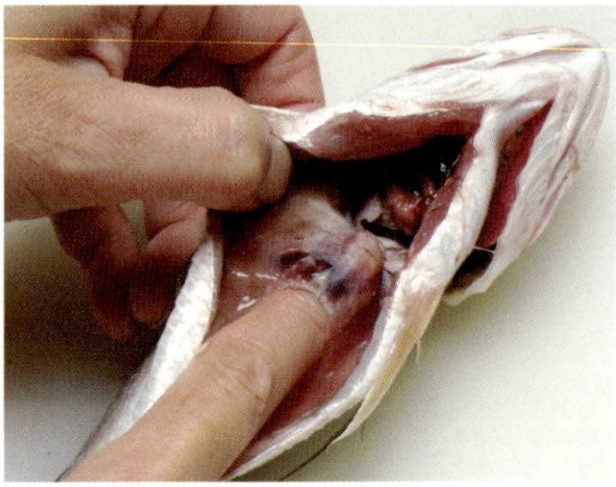

1 ウロコを引き落とし腹を割って内臓を取り出したら、腹骨に付着している薄い身を指先ではがし取る

2 血ワタを掃除して水洗いしたら開く。まずは頭を右に向け、肛門近くから包丁を入れて尾の付け根まで切り開く

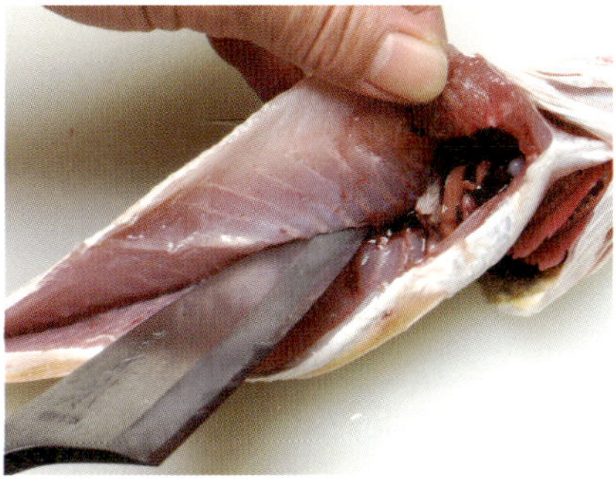

3 次に中骨と腹骨の接合部の軟骨を切って背身の切り口を作る。慣れないうちは腹を上に向けるとやりやすい

4 続いて皮の上から指先で切っ先を確認しながら、背の皮1枚を残して尾の付け根に向かって背身を切り開く

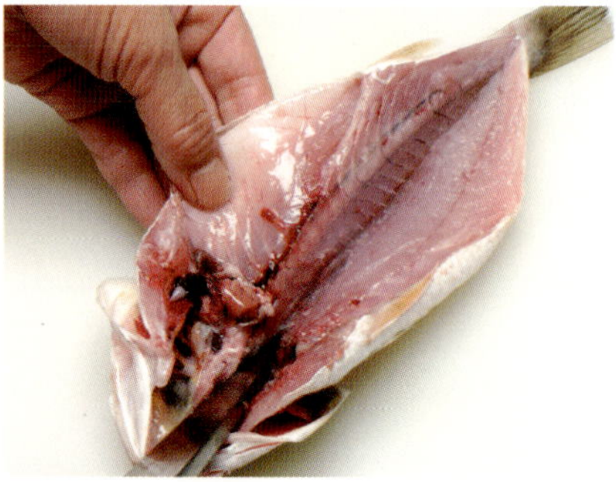

5 ここで中骨を避けるようにして包丁を突き立て、頭を二つに割る

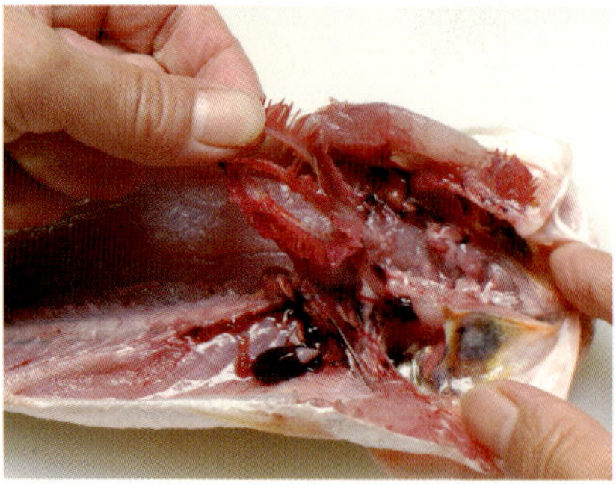

6 頭の内側に残っているエラをちぎり取っておく

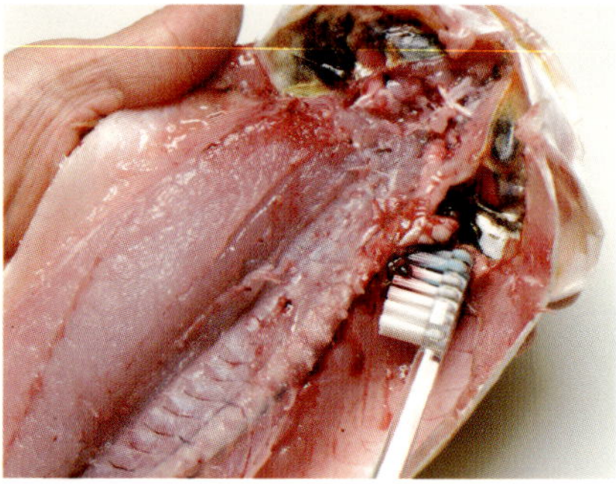

7 歯ブラシを使って中骨に付着している血ワタや頭に残っている内臓などを掃除して水洗い

8 腹開きの完成。ちなみに売り物ではないので中骨に身が残ったり、間違って皮に穴が開いてしまっても問題ない

9 開き干し用、いしる干し用の漬け汁を作り、20〜30分を目安に漬ける。干す前に余分な水分をふき取る

10 干し時間は長めの7〜8時間。表面がベトつかず弾力が増せば干し上がり。いしる干しは好みで白ゴマを振る

練る

Fish Paste

アツアツのさつま揚げを
ショウガじょう油でいただくもよし、
おでんのネタにもよし!!

イシモチのさつま揚げ

材料

●イシモチの身300グラム（22～23センチ級5～6尾が目安）
●粗塩小サジ1、砂糖大サジ1、水溶き片栗粉（片栗粉大サジ1、水大サジ2)、揚げ油、大根おろし、おろしショウガ

1 イシモチはウロコを引き落とし、頭を切り落として内臓を掃除したら基本どおりの三枚におろす

2 次に腹骨をすき取る

3 皮を引く。なお、背身と腹身の接合部に並ぶ血合骨は取り除かなくてよい

4 続いて細かく刻んだらフードプロセッサーに移し入れる

5 やや粗いすり身になるまで回したら粗塩と砂糖を加え、もう一度十分に粘りで出るくらいまで回す

6 最後に水溶き片栗粉を入れ、少し回せばすり身のでき上がり

7 餅のような粘りが出ればOK。ジップバッグに詰めて空気抜きをし、冷凍しておくと約1カ月保存できる

8 手に食用油を付けて、小判形にまとめるのがさつま揚げの基本

9 160度前後の低めの温度で素揚げにする。最初はすり身が沈んでいるが、火が通ってくると徐々に浮いてくる

10 油の表面に浮き上がり、泡が小さくなると芯まで揚がった証拠。薄いキツネ色まで油の中で転がしたら取り出す

RECIPE

ここでもう一品!!

「おでん」のすすめ

白身魚のすり身を使ったさつま揚げのバリエーションは数かずあるが、おでんのネタといえばウインナー巻き、シューマイ揚げ、串ボールが代表選手だ。

【ウインナー巻き】すり身を少し薄く伸ばし、糊代わりの片栗粉をまぶしたウインナーを乗せて形を整える

【シューマイ揚げ】同じく片栗粉をまぶしたシューマイをすり身で囲むように包む

カサゴ

カサゴは根魚の代表。
浅場から深場まで様ざまな種類のカサゴが釣れるが、
磯や堤防からも狙える浅場のカサゴは、味もよく手軽に狙える人気魚だ。
ただし釣り上げたときには、ヒレと頭のトゲには気を付けよう。

干す Dried Fish

カサゴの開き干し

真夏の干物の作り方。
「冷蔵庫干し」で仕上げる逸品!!

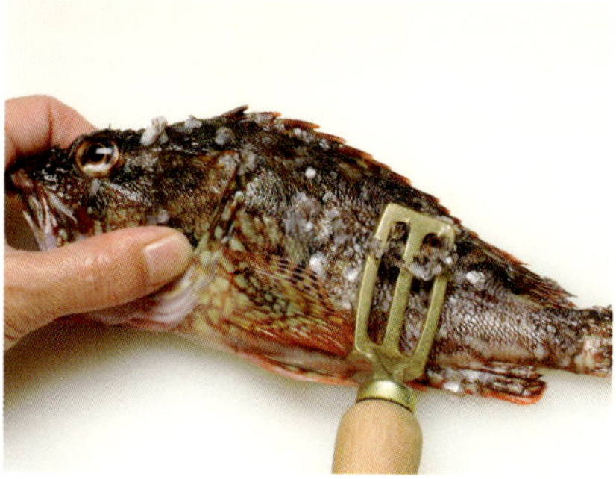

1 カサゴはウロコを引き落とし腹を割って内臓を取り出したら、ざっと水洗いをしておく

2 腹開きの手順はまず、頭を右にして尻ビレに沿って尾の付け根まで腹身を切り開く

材料

- カサゴ
- 約8パーセントの塩水（水1リットルに対し粗塩80グラム、日本酒50cc）

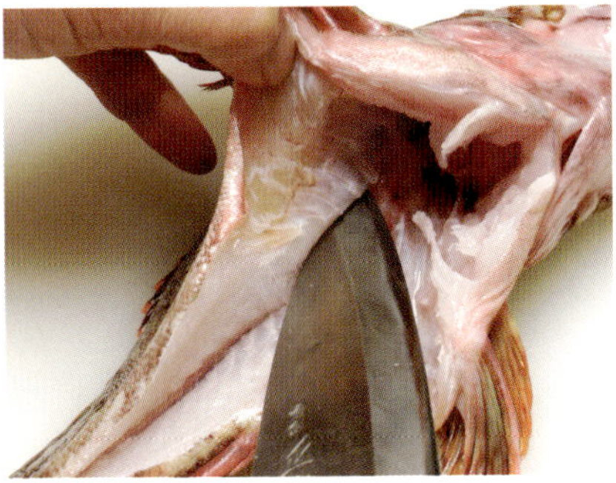

3 次に逆さ包丁で中骨と腹骨の接合部の軟骨をカット。写真のように身を持ち上げながらのほうが切りやすい

4 包丁の向きを戻し、背の皮1枚を残して背身を切り開く

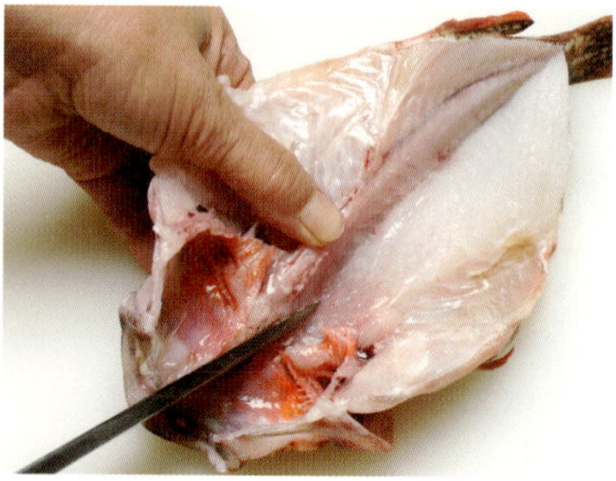

5 ここで腹を上にして、中骨を避けるように頭の中心線に包丁を突き立て、少し力を入れて頭を半分に割る

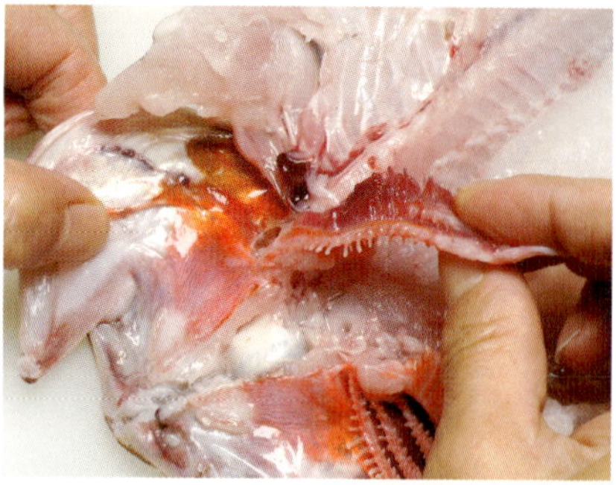

6 腹開きが完成したらエラ蓋の内側左右のエラをちぎり取る

7 竹のササラや歯ブラシを使って残っている血ワタや内臓を掃除し、きれいに水洗いをする

8 約8パーセントの塩水を作り、17〜20センチの中型カサゴなら約40分間漬けるのが目安

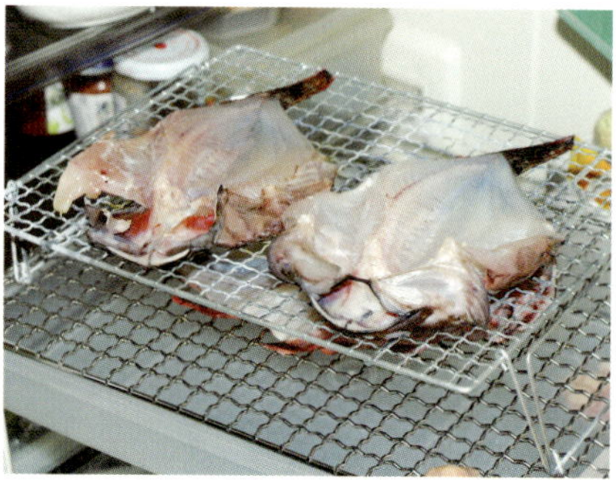

9 肉厚なカサゴの冷蔵庫干しは10〜12時間。身の表面にはウエット感が残るが弾力が増せば干し上がり

ADVICE

モチ網で干物台!?

「冷蔵庫干し」用として開いた魚の両面に冷気が行き渡り、より乾燥しやすいように工夫したのがモチ網を利用した干物台だ。密封容器の外箱を受け皿として、ここに大きめのモチ網、さらに折りたたみ脚付きの焼き網を乗せて3枚の開き魚を並べた。安価なモチ網は100円ショップで購入でき、また、発泡スチロールなどをサイコロ状にカットして四隅に置けば、モチ網を段に重ねることが可能。

漬ける
Pickled Fish

白身魚との相性は
バッチリの酒粕。
釣り人だけが味わえる逸品!!

カサゴの粕漬け

材料

- ●カサゴ
- ●粕床（酒粕300グラム、ミリン・日本酒各大サジ3が目安）、粗塩

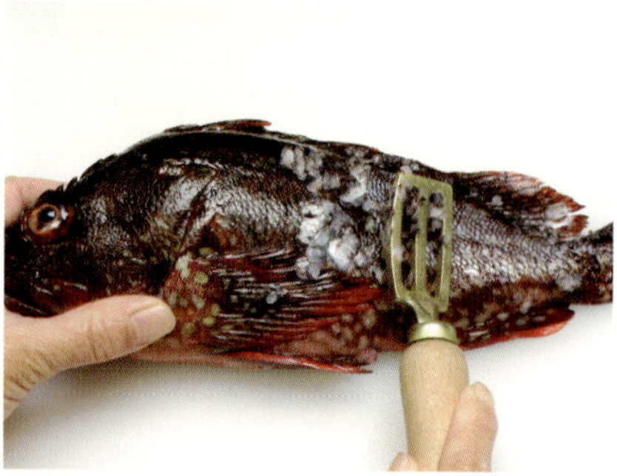

1 専用のウロコ落としでヒレ際の隅ずみまでウロコを引いた後、頭を切り落として内臓を取り除く

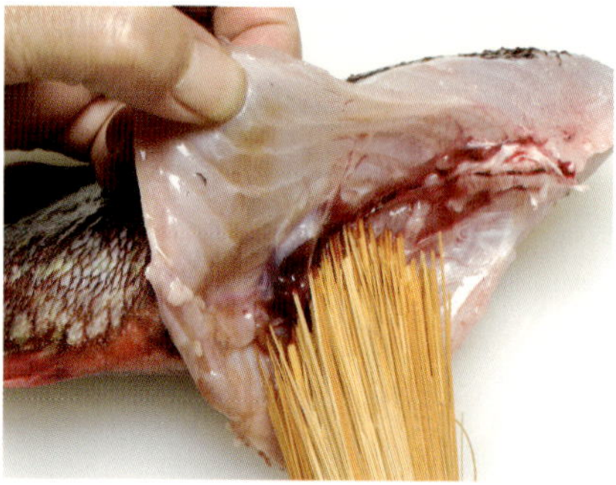

2 竹のササラか歯ブラシを使って、中骨に付着している血ワタを掃除し、水洗いして水気をふき取っておく

3 次に背ビレと腹ビレに沿って中骨まで切れ込みを入れ、両面の片身を切り取ると三枚おろしの完成

4 腹骨と血合骨は取らず、薄く塩を振って1時間半～2時間寝かせて下味を付ける

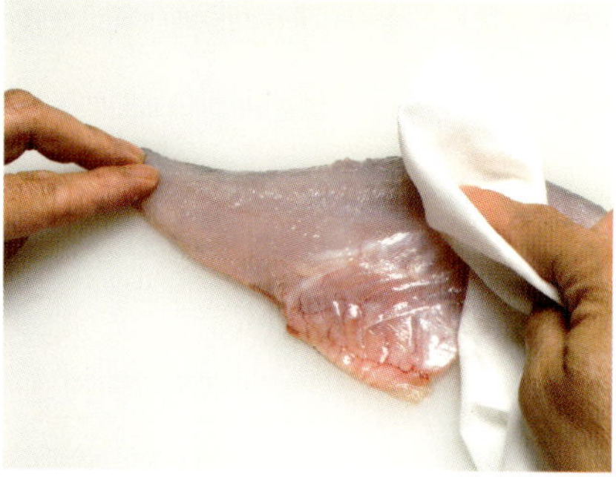

5 漬け込む前に余分な水分をふき取っておく

6 密封容器か調理用バットを用意。最初に粕床を容器の底に薄く伸ばして塗り、ペーパータオルを敷いて身を並べる

7 ペーパータオルをかぶせ、その上に同じように粕床を薄く伸ばして冷蔵庫で寝かせる

8 漬け込む日数は3～4日間がベスト。食べきれない分はラップフィルムとジップバッグで密封して、約1カ月間の冷凍保存が可能

9 直火で焼く場合は焼き網に焦げ付き防止用の酢を塗り、皮目から焼き始めて6割程度火が通ったら裏返す

10 残りの4割で焼き上げるのがコツ。仕上げとしてミリンをひと塗りすると、てりが出る

ADVICE

調味料にこだわる!!「酒粕」

もろみ酒を絞った後の残りカスである酒粕は魚介類の粕漬けのほか奈良漬け、ワサビ漬けなど用途が広く、甘酒も酒粕で作られる。ペースト状の練り粕(右)と薄い板状の板粕(左)の2種類があるが、スーパーマーケットなどで広く出回り買い求めやすいのは板粕だ。300グラム入り200円前後と安価。

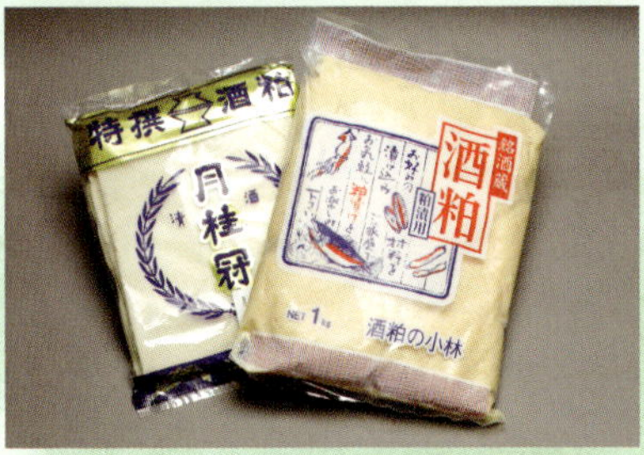

カマス

釣れるカマスはアカカマスとヤマトカマスの2種類。
いずれもおいしい魚であるが、
やや水っぽく鮮度落ちも速い。
身が柔らかいカマスは新鮮なうちに干物にすると非常に美味だ

干す Dried Fish

カマスの都会干し

脱水シートを活用して
部屋の冷蔵庫で干物作り

材料

- カマス
- 約8パーセントの塩水（水1リットルに対し粗塩80グラム、日本酒50cc）、
- 脱水シート

1

専用のウロコ落としを使ってウロコを引き落とす

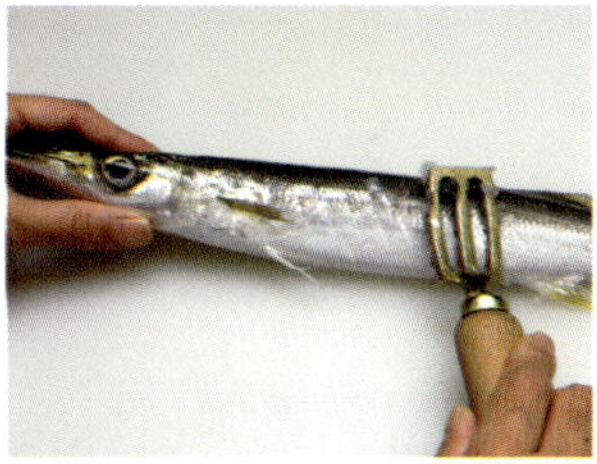

2

基本は片袖開き。まずは頭を左に向け、エラ蓋に沿って肩口に中骨に届くまで切れ込みを入れる

3

次に背ビレ際から中骨まで背身を切り開く

4

逆さ包丁に持ち替え、腹骨と中骨の接合部で切り離す

5

最後に尻ビレに向かって腹身を切り開くと、片袖開きのでき上がり

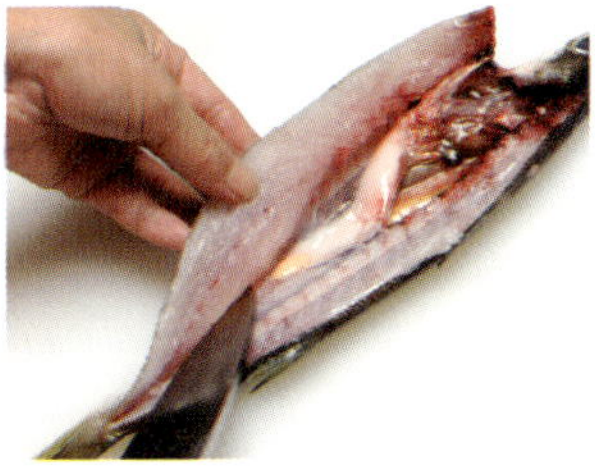

6

次にエラをつまんで内臓とともにちぎり取る

7

歯ブラシで中骨に付着している血ワタや腹膜を掃除して水洗い

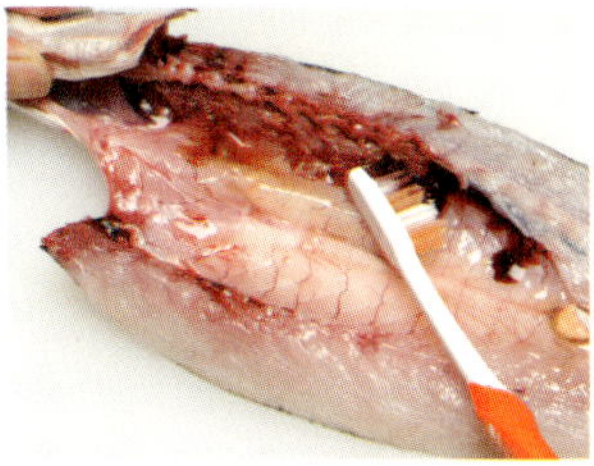

8

ここで約8パーセントの塩水に約３０分間浸し、ペーパータオルなどで水気をふき取っておく

9

脱水シートに包んで半日ほど冷蔵庫に入れれば都会干しの完成。水分を含み過ぎたときは途中でシートを取り換えよう

カワハギ

**テクニックを駆使して釣り上げる魚の代表選手。
それだけにファンも多く、競技会も盛んだ。
上品な白身はどう料理してもおいしいが、
自前のカワハギの干物はぜひ作ってみたい一品だろう。**

干す *Dried Fish*

カワハギのミリン干し

淡白で脂の乗った身に
ミリンの甘みがアクセントになる!!

材料

●カワハギ
●漬けだれ（しょう油・ミリン各50cc）、水あめ大サジ1.5～2、白ゴマ、ケシの実

1　ツノの後ろの硬い骨を避けて包丁を入れ、中骨に刃が食い込んだところで止める

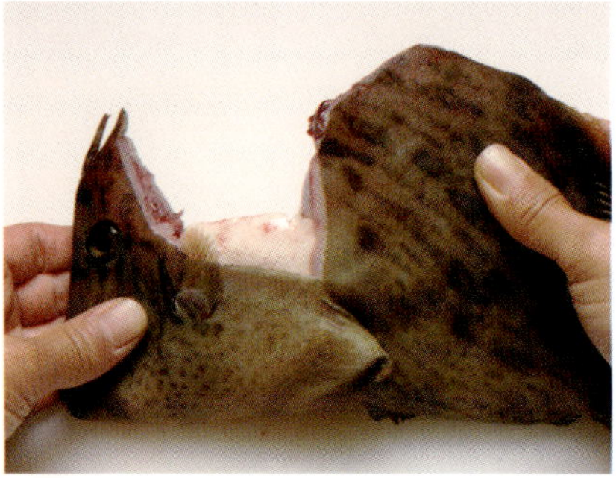

2　頭部と胴体を握って、少し力を入れて引き裂くようにして2分する

3 腹内の血ワタなどを掃除して水洗いした後、皮と身の間に指先を入れて引っ張るときれいに皮がはがれる

4 背ビレと腹ビレに沿って中骨まで切れ込みを入れる

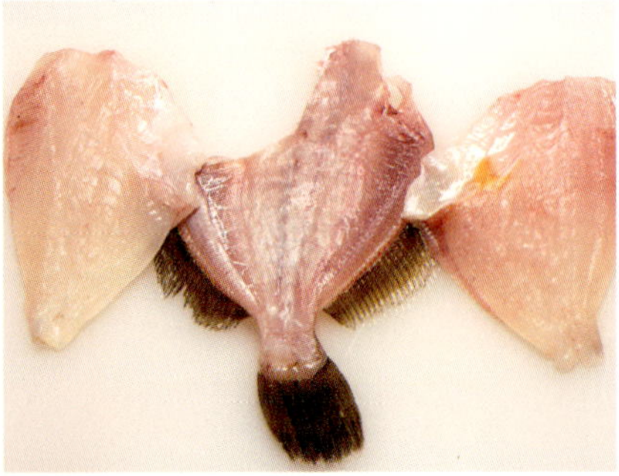

5 基本どおりの三枚におろす。さらに背身と腹身に切り分けてもよい

6 しょう油とミリンを合わせた漬けだれに30～40分間浸したら、ペーパータオルなどで軽く汁気をふき取る

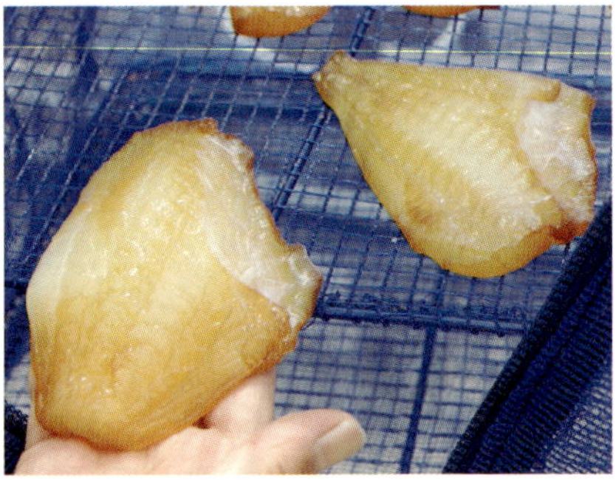

7 表面がうっすら乾く程度に5～6時間干す。また、冷蔵庫干しなら約半日間が必要

8 干している間に、残った漬けだれに水あめを加えて弱火にかけ、2分の1から3分の1に煮詰めて“ツメ”を作って冷しておく

9 一度干し上がった❼の身に煮詰めたツメを塗る

10 その上から白ゴマまたはケシの実を振って、ツメのしっとり感が残るくらいに1～2時間干せば完成

練る

Fish Paste

練りに練って、蒸して……

上品な白身の絶品かまぼこのでき上がり

カワハギの
かまぼこ

材料

●カワハギの身200グラム
●粗塩小サジ3分の1、小麦粉大サジ3、卵白1個、砂糖小サジ3分の1、かまぼこ板代わりの竹の皮かクッキングシート

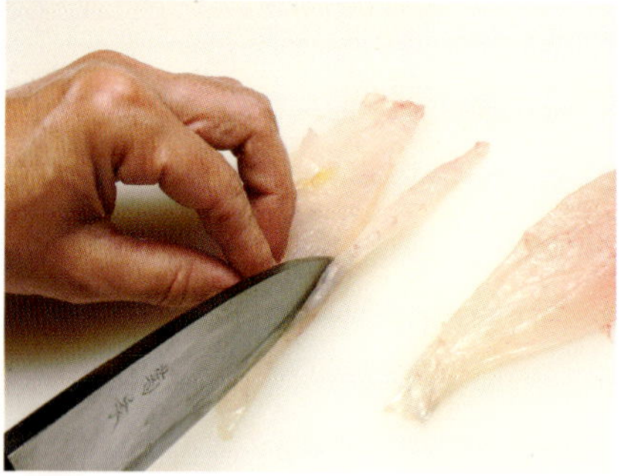

1 三枚におろしたら腹骨をすき取り、背身と腹身に切り分けて血合骨を薄くそぎ取る

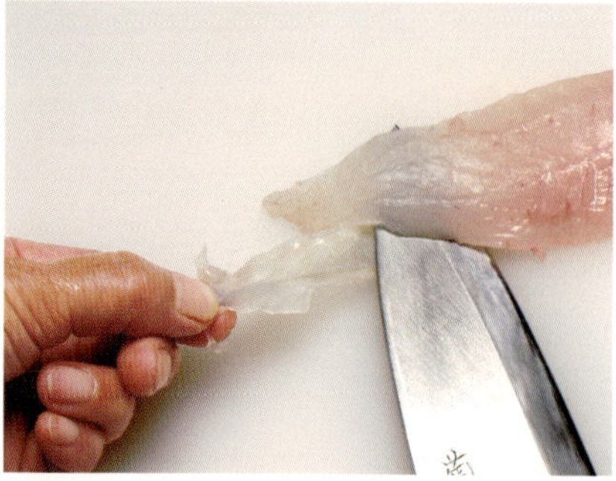

2 続いて、舌触りをよくするために薄皮を引く

3 まずは身を粗く刻み、さらに細かく刻む

4 大きめの出刃包丁を使って、漁師料理の“なめろう”状態まで叩き込む

5 ここですり鉢に移し、10〜15分間を目安にしてすりこ木でしっかりとすり続ける。次第に粘りが出てくるのが分かるはず

6 十分に粘りが出たら粗塩、小麦粉、卵白、砂糖を加える

7 さらに10分程度すり続ける。この際、塩が加わると急速に弾力が増してくる

8 柔らかなモチのような弾力が出て、すり身がまとまればOK。最後にすり身を持ち上げてすり鉢に叩きつけ、空気抜きをしておく

9 10×5センチ程度の長方形にカットした竹の皮などにすり身を盛り付けたら、水で濡らした手のひらで擦りつけるように成型する

10 蒸し器を準備し、蒸気が出てから成型したすり身を入れて20〜25分間蒸し上げた後、流水に通して粗熱を冷せばでき上がり

ADVICE

かまぼこ板の代用品!?

市販の蒸しかまぼこに付いている白木のかまぼこ板は、蒸す・冷やすといった製造過程で余分な水分を吸収してくれるのと、成型しやすさが主な役割。この板は安土桃山時代からあったといわれ、かまぼこの腐敗を防ぐ知恵であるとともに、お殿様への献上品としてのデコレーションでもあったらしい。

冷蔵庫がある今、多少フニャフニャするが、かまぼこ板代わりとして竹の皮やクッキングシートで代用できる。もし本格かまぼこに挑戦するなら、節やニオイがないモミやシラベ（シラビソの別名）の木を探してみてはいかがかな。

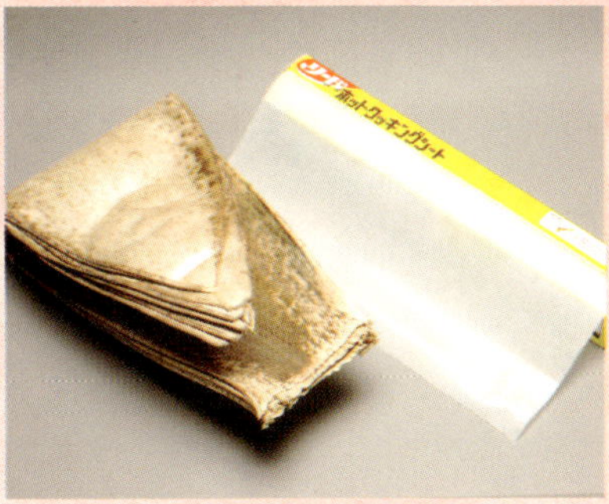

キンメダイ

深場釣りで狙う魚の中では、最も親しみのあるキンメは、煮ても焼いても鍋でもおいしい。多点掛けを狙うので一度にズラズラと上がってくる様は圧巻。数多く釣れたら干物や漬け物を作ってみよう。

干す Dried Fish

キンメダイの開き干し

脂の乗った身は干すほどにうま味を増していく!!

1 ウロコ落としのほか、ヒレの付け根などは出刃の刃先を使ってウロコを取る。次に腹を割って内臓を取り出し水洗いする

2 腹開きは頭を右にして腹の切り口から包丁を入れ、中骨に沿って尾の付け根まで腹身を切り開く

材料

- キンメダイ
- 約8パーセントの塩水（水1リットルに対し粗塩80グラム、日本酒50cc）

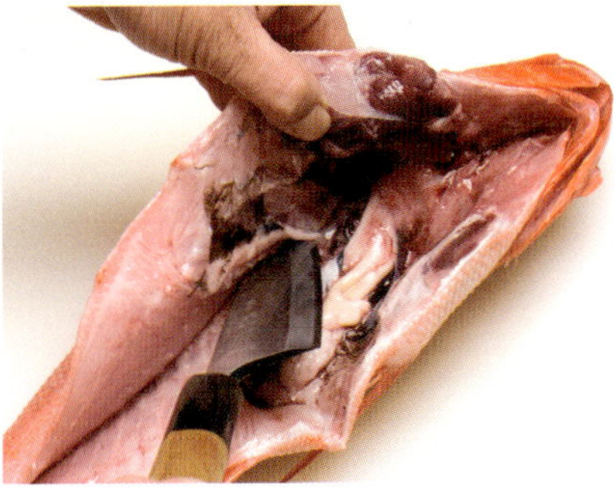

3 続いて中骨と腹骨の接合部をカットする

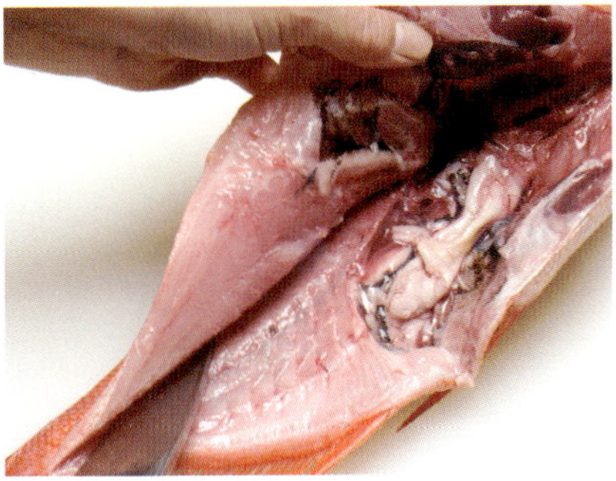

4 皮1枚を残して背身を切り開く

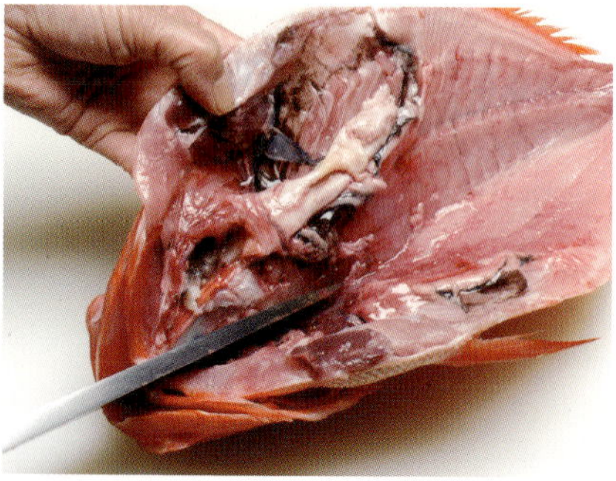

5 次に腹を上に向け、中骨を避けるように包丁を突き立て、少し力を入れて頭を半分に割る

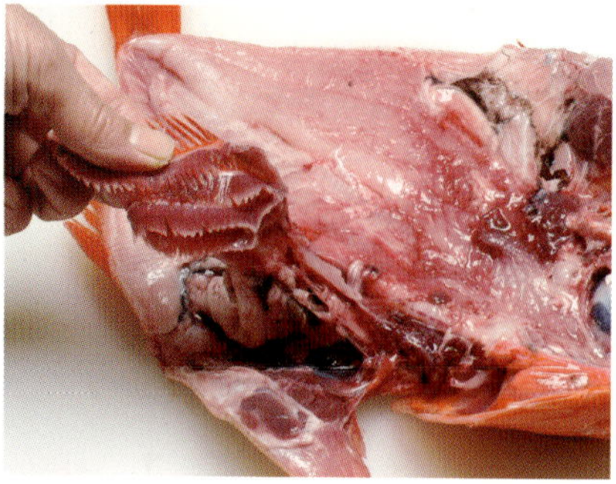

6 左右のエラをちぎり取る

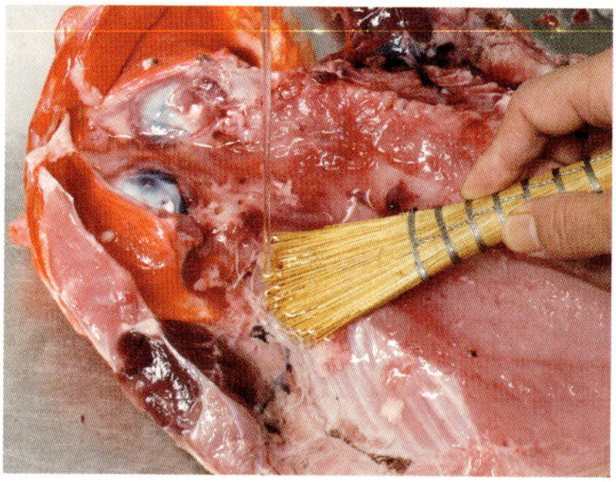

7 竹のササラか歯ブラシで血ワタなどを掃除し、きれいに水洗いして水気をふき取っておく

8 腹開きの完成

9 約8パーセントの塩水に40～50分浸した後、風通しのよい場所で6～7時間干すのが目安

ADVICE

ウロコが飛び散らない!?

旬のキンメダイは脂の乗りがよく、塩の回りが遅い。このため、40センチ級の良型の場合には塩水に浸す時間は少し伸ばして1時間強。その分身も厚いので干す時間は7～8時間を目安にし、身の表面に触れてみてペットリ感が残るくらいがちょうどよい。また、キンメダイはウロコを引く際に飛び散りやすいので、流水下かシンクなどに水を溜めた中で引き落とすこと。

漬ける
Pickled Fish

キンメの脂のうま味と、
酒粕の濃厚なうま味が
コラボレートする一品!!

キンメダイの粕漬け

材料

- キンメダイ
- 粕床（練り粕100グラムに対しミリン大サジ1が目安)、粗塩、良質のペーパータオル

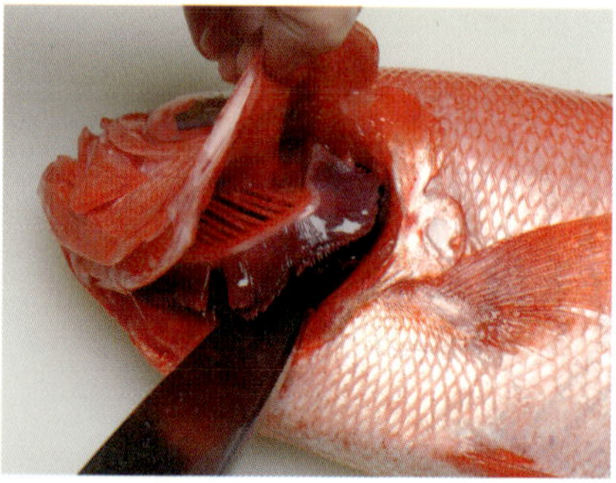

1 頭部にあるおいしい身を生かすにはウロコを引き落としたら、両側からエラの付け根と縁を切る

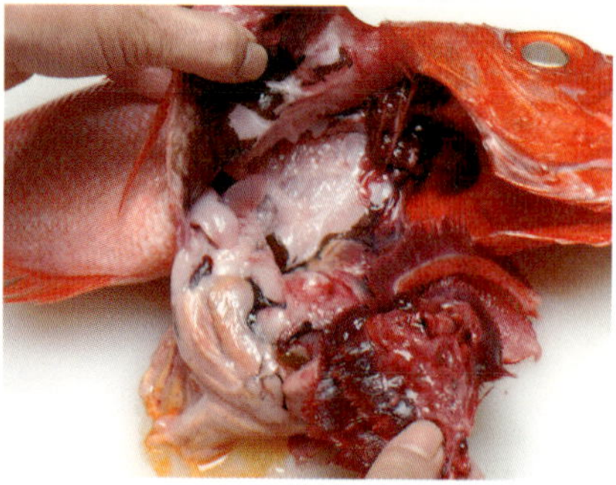

2 次に腹を切り開いて、エラと内臓を取り除き、血ワタを掃除して水洗いし、水気をふき取る

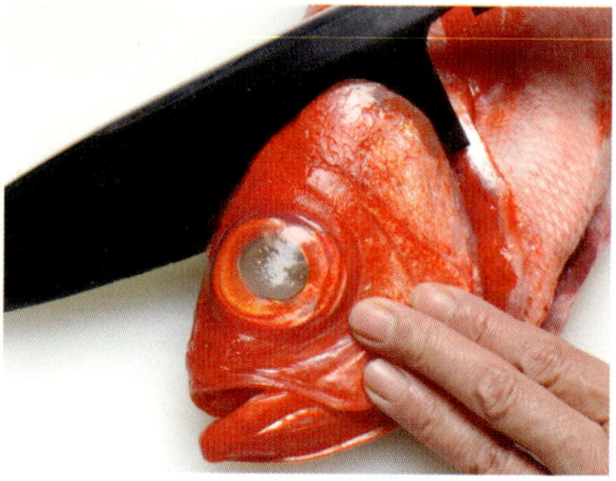

3 エラ蓋に沿って頭を切り落とす

4 中骨付きの二枚おろしにする

5 好みの大きさの切り身に切り分ける

6 薄く塩を振って1時間半〜2時間寝かせる

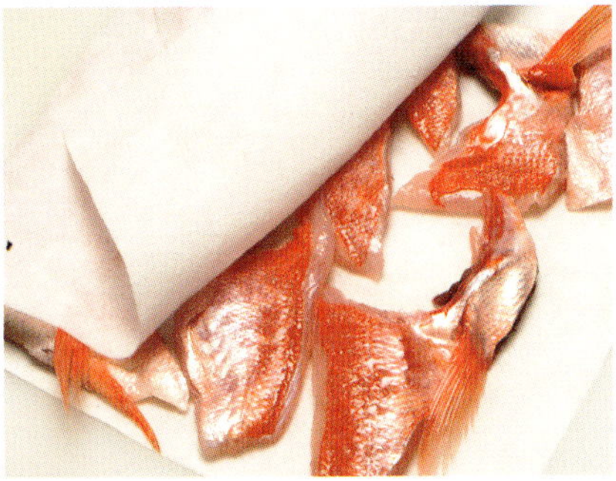

7 漬け込む前に余分な水分をふき取る

8 調理用バットや密封容器を用意し、まずはよく混ぜ合わせておいた粕床を容器の底に薄く伸ばして塗る

9 粕床を塗った上にペーパータオルを敷いて切り身を並べ、もう1枚の粕床を塗ったペーパータオルを被せて冷蔵庫で寝かせる

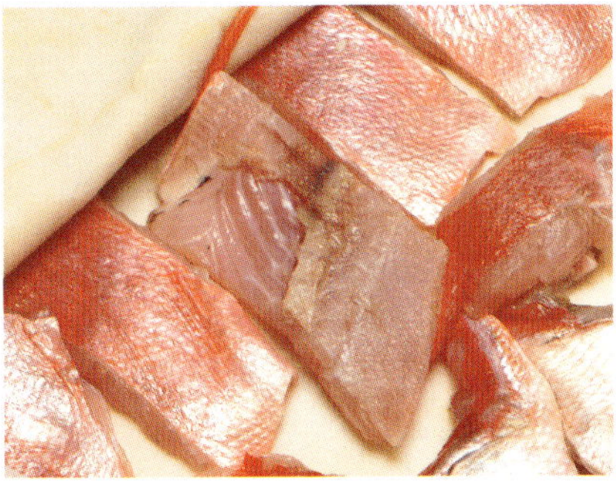

10 漬け込む日数は2～3日間がちょうどよい

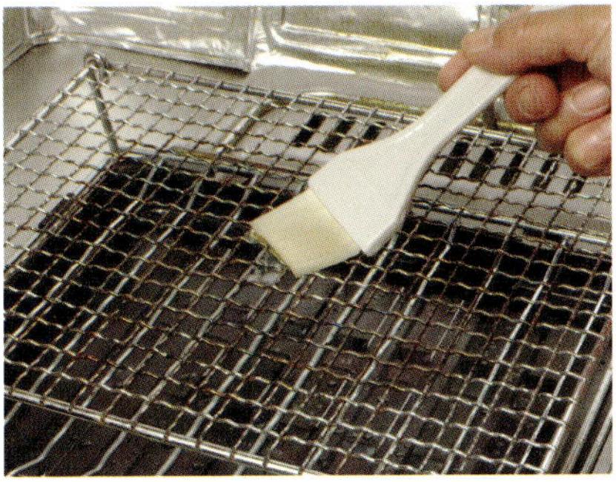

11 コンロ上の直火で焼く場合は、焼き網に酢を塗っておくと焦げ付きにくい

12 盛りつける側の表身から焼き始め、6割程度焼いて焦げ目が付いたら裏返し、4割で焼き上げるのがキーポイント

サバ

**サバは、浅い海から深い海まで幅広く回遊する魚で、
沖釣りでは様ざまなシーンで外道として登場する。
陸っぱりフィッシングでは、
その引きの強さに専門に狙う釣り人も多い。**

干す *Dried Fish*

サバのミリン干し

甘だれに漬け込んで干し上げる
サバのうま味が際立つ!!

材料

●サバ
●漬けだれ（しょう油：ミリン各100ccの同割）、水あめ大サジ3～4、白ゴマ

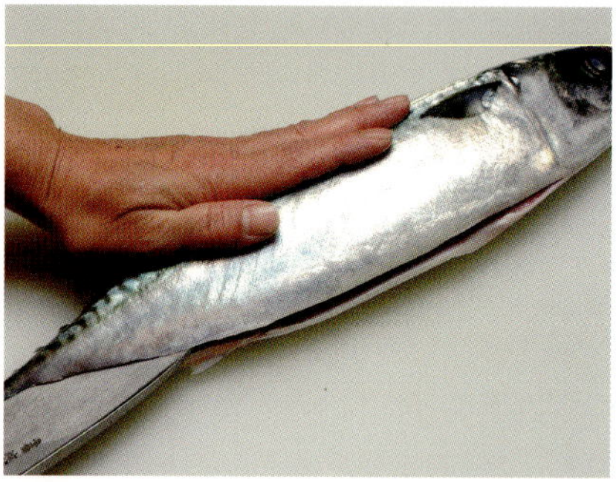

1 ウロコを落とし、腹を割って内臓を取り出し水で洗ったら、中骨に沿って尾の付け根まで切り開く

2 次に中骨と腹骨の接合部の軟骨を切り離した後、皮1枚を残して背身を切り開く

3 腹を上に向け、中骨を避けるように包丁を突き立て、少し力を入れて頭を半分に割ると腹開きのでき上がり

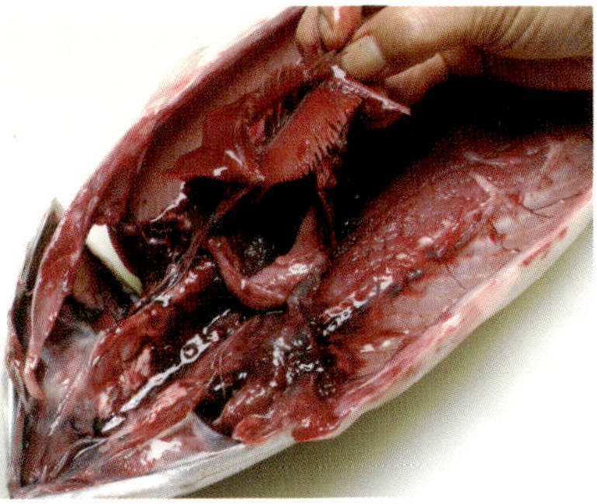

4 ここでエラをちぎり取り、歯ブラシか竹のササラで血ワタなどを掃除し、手早く水洗いをして下処理終了

5 しょう油とミリンを合わせた漬けだれに40～50分間浸したら、ペーパータオルなどで軽く汁気をふき取る

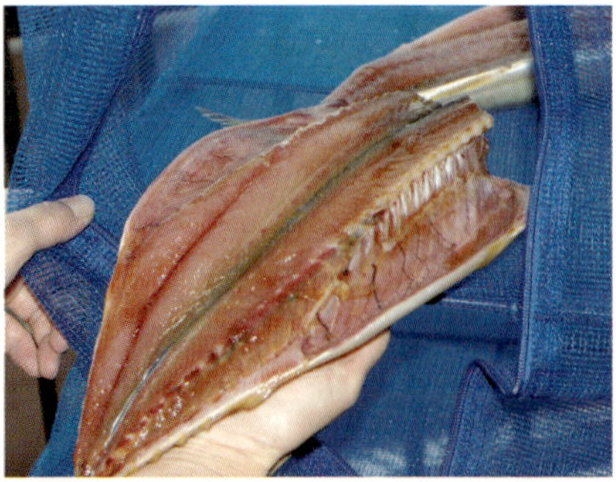

6 網の干物器に並べて表面が乾く程度に干す。目安は7～8時間

7 干している間に、残った漬けだれに水アメを加えて弱火にかけ、半量くらいまで煮詰めて“ツメ”を作り、冷ましておく

8 アジの一度干し上がった❻の身に煮詰めたツメをまんべんなく塗る成

9 さらに白ゴマを散らし、ツメのしっとり感が残る程度に再び1～2時間干すとミリン干しの完成

漬けみ
Pickled Fish

新鮮なお刺身以上のうまさ⁉
お好みの締め方で味わいたい‼

締めサバのお造り

材料
●サバ　●酢、粗塩、昆布

1 サバは基本どおりの三枚おろしにさばく

2 バットや密封容器に並べ、皮と身の両面にたっぷりと粗塩を振って塩締めにする

3 約1時間寝かせると、塩が溶けて水分が浮き出てくる

4 流水でざっと塩を洗い流した後、水分を吸収しなうちにもう一度酢洗いをしておく

ADVICE

サバをおいしく食べるために!!

「サバの生き腐れ」という通説どおり、鮮度が落ちるのがまことに早い。釣り上げたら直ちに、サバ折りならぬ頭部付け根の中骨をへし折るか包丁で切って生き絞めにし、海水氷にドブ浸けしてしまうのが、釣り人にとって最良の保冷方法。そして帰宅途中にコンビニで氷を買い求め、ビニール袋を開けずに補充しておけば海水氷の塩分が薄まらずにすむ。

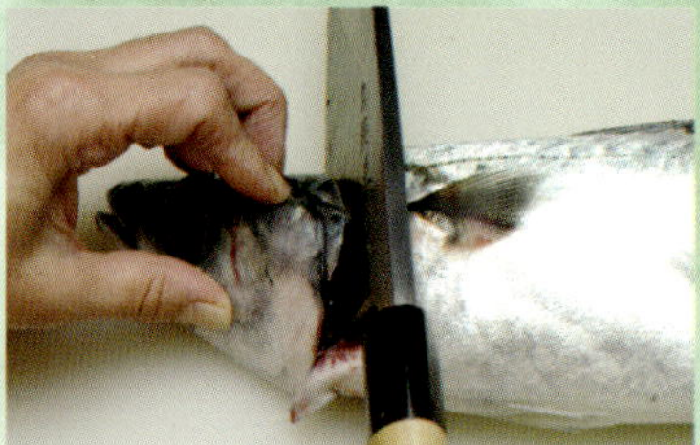

5 次に昆布で上下をはさみ、全体がかぶる程度の酢を張って冷蔵庫で約1時間酢締めにする

6 酢を軽くふき取ったら腹骨をそぎ落とし、続いて血合骨をていねいに抜く

7 続いて頭部の切り口から薄皮をはがす。この際、薄い腹身がちぎれやすいので要注意

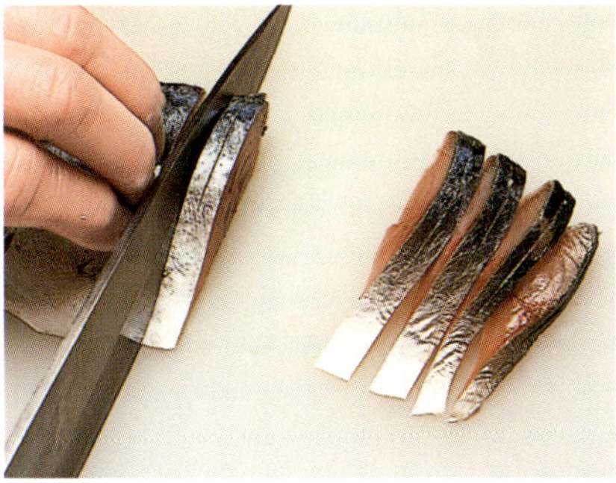

8 飾り包丁を入れながら幅7～8ミリの平造りに切り分ける

RECIPE

ここでもう一品!!

【締めサバの押し寿司】

1

10センチ角程度の昆布片1枚を入れ、若干硬めに炊き上げた飯に指定分量どおりの寿司酢を加えて寿司飯を作り、粗みじん切りにした大葉と白ゴマをまぜ合わせる

2

酢で湿らせた押し型を用意し、寿司飯と締めサバを重ねて押し込めばOK。サバの背身が厚すぎる場合は少し身をそぎ落とす

漬ける

Pickled Fish

透き通るように美しい身は
ぜひ、昆布締めで
いただきたい!!

サヨリの昆布締め

材料

- サヨリ
- 昆布、塩、米酢

サヨリ

銀色に輝く魚体が美しいサヨリは、腹を切り開くと真っ黒い腹膜で覆われている。そこで付いたあだ名は「腹黒いスレンダー美人」。しかし、クセのない透明な身は脂が乗って美味この上もない。

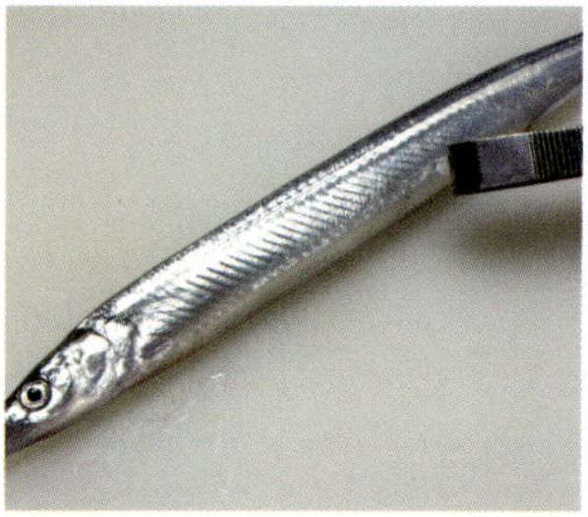

1 最初に包丁が当たらないよう、2枚の小さな腹ビレを骨抜きなどで抜き取る

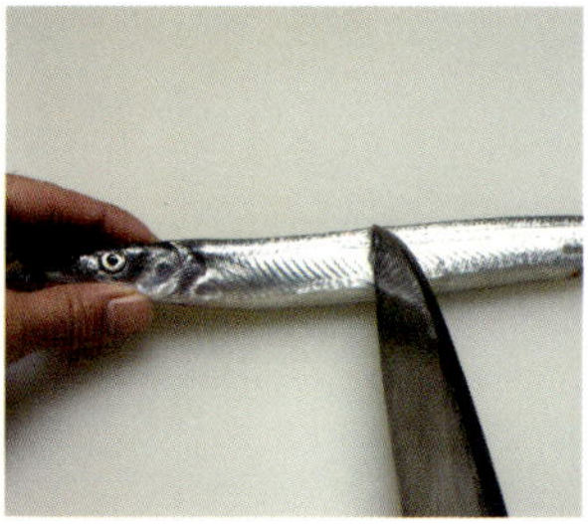

2 包丁の切っ先でウロコを引き落とし、背ビレ際からたすきに頭を切り落とす

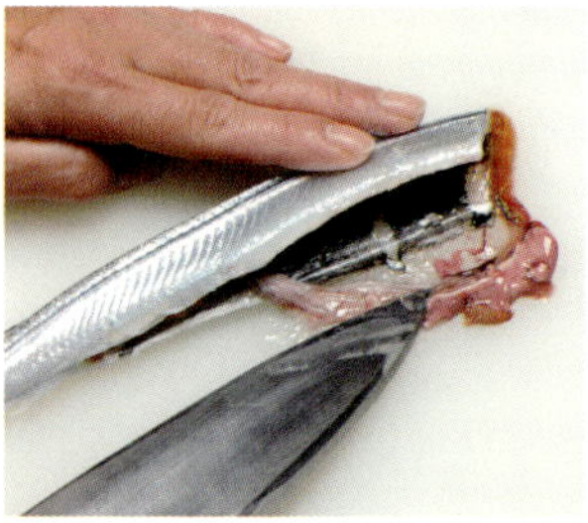

3 頭の切り口から肛門まで腹を切り開き、内臓を取り出す

4 歯ブラシを利用して真っ黒い腹膜とともに、中骨主骨に付着している血ワタを掃除し、きれいに水洗いして水気をふき取っておく

5 大名おろしの手順は、頭の切り口に包丁を当て、サヨリの三角骨を意識して背ビレに少し刃を傾け、上身を切り進める

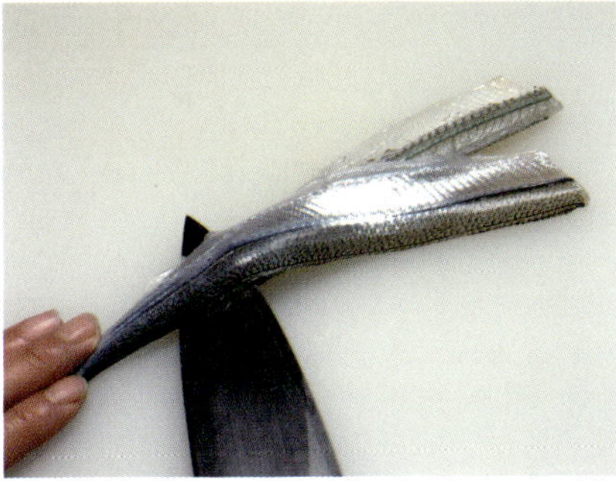

6 尾の付け根で上身を切り取る

7 上身をおろした状態のまま、中骨をそぎ取って下身を切り取る

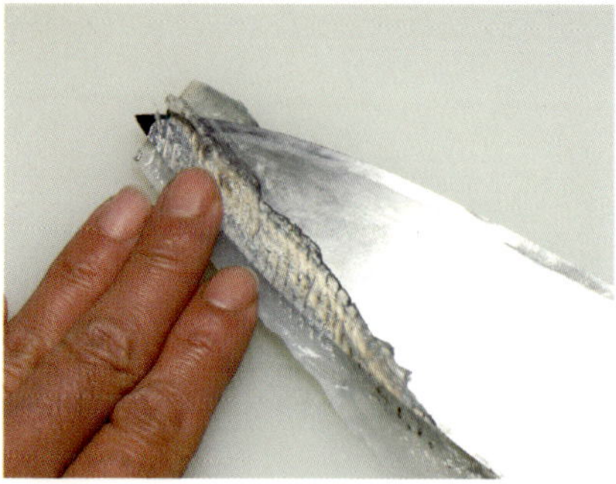

8 腹骨をすき取る

9 海水より少し薄い塩分の立て塩（3パーセント前後の塩水）にくぐらせる

10 昆布でサンドイッチにして40〜50分締める

11 昆布締めにした身を酢にくぐらせる

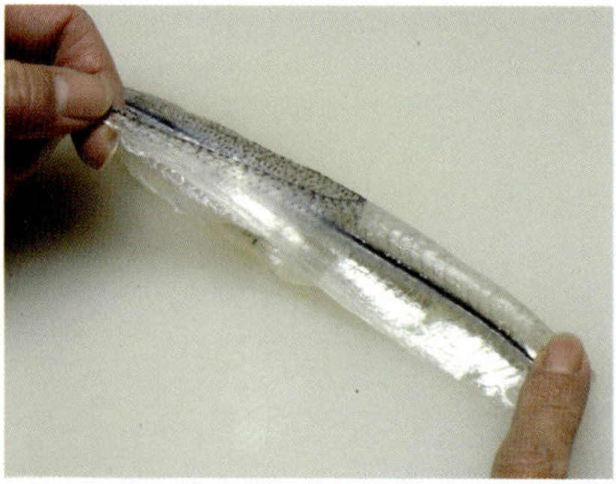

12 頭のほうから指先で皮を引いたら、食べやすい大きさに切って盛り付け、ワサビじょう油でいただく

干す Dried Fish

サヨリの風干し

細長い魚は頭を残した「片袖開き」で
風にさらして干し上げろ!!

材料
●サヨリ
●約8パーセントの塩水（水1リットルに対し粗塩80グラム、日本酒50cc）

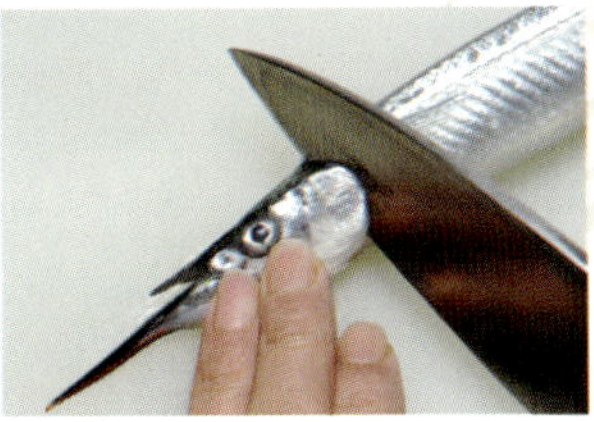

1 片袖開きはウロコを引き落とし、エラ蓋に沿って中骨に当たるまで切れ込みを入れる

2 背開きにして内蔵とエラを取り除き、黒い腹膜を掃除する

3 約8パーセントの塩水に20～25分浸し、3～4時間干せばでき上がり

RECIPE

ここでもう一品!!

【サヨリの骨せんべい】

【材料】サヨリの中骨、約8パーセントの塩水（水1リットルに対し粗塩80グラム、日本酒50cc）、揚げ油

①三枚おろしで残った中骨はもう一度血ワタを掃除し、約8パーセントの塩水に30分間漬け込む
②水気を軽くふき取り、釣具店などで売っている網製干物器の中で約半日間干して、水分を抜く
③165～170度に熱した揚げ油で焦げないように注意しながら、キツネ色になるくらいに揚げたら油をよく切ること

③

②

ショウサイフグ

料亭の味がトラフグなら、釣り人の味はショウサイフグ。釣りたての薄造りもおいしいけれど、うま味が凝縮された風干しもおすすめだ。

干す

ショウサイフグの四香風味ひと口干し

焦げ目が付くくらいにあぶって食べれば、うまさに驚くこと間違いなし!!

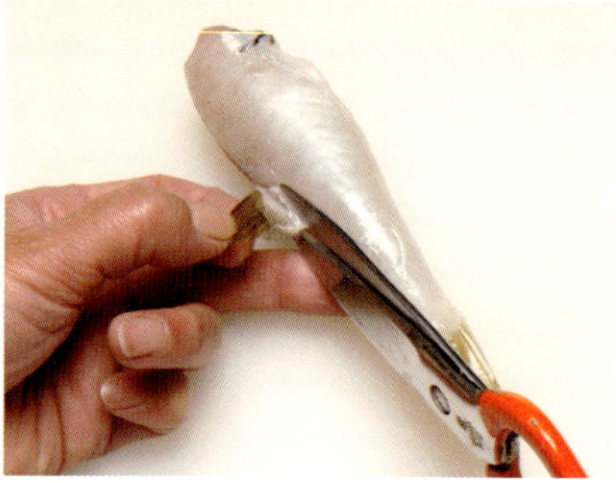

1　フグ処理士の免許を持つ船宿が下処理してくれたむき身にはヒレが残っている場合が多いので、調理前にカットする

2　背ビレと尻ビレを切った状態。空揚げやフグちりでいただく時には尾ビレもカットすること

材料

- ●ショウサイフグ
- ●約8パーセントの塩水（水1リットルに対し粗塩80グラム、日本酒50cc）
- ●一味トウガラシ、黒ゴマ、ケシの実、青海苔

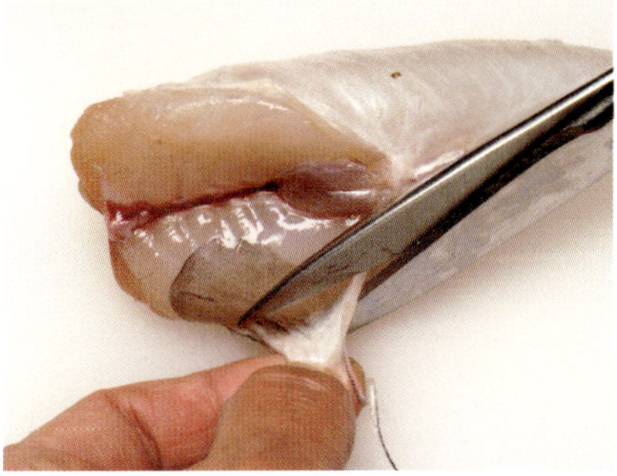

3 風干しの場合は薄皮をむかないが、ついでに余分な皮は、調理用バサミなどで切っておく

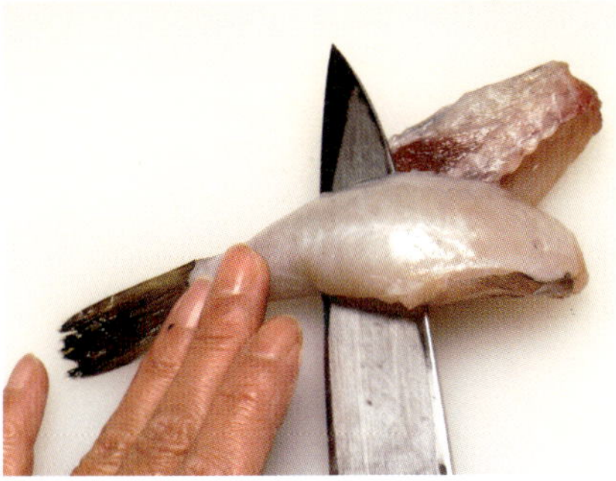

4 ひと口干し用は頭の切り口から包丁を入れ、尾の付け根に向かって一気に片身を切り落とす「大名おろし」でよい

5 大名おろしで三枚におろした状態

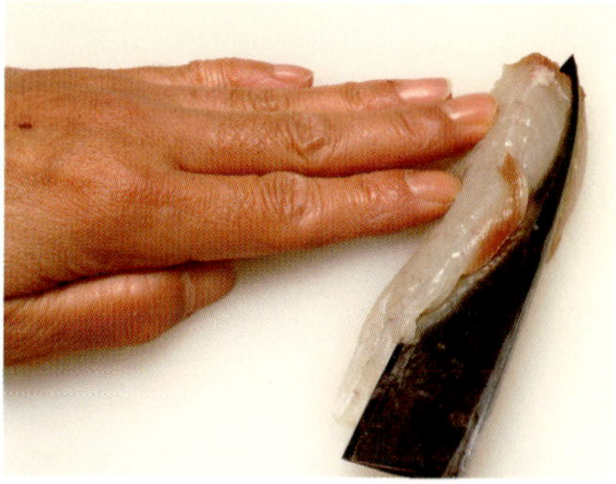

6 次に片身の身が厚いほうから真半分に包丁を入れる

7 身の厚さがある程度均等になるように切り開く

8 約8パーセントの塩水を作り、身を1〜2分間浸す。フグは塩の浸透性がよいため、5分以上漬け込まないこと

9 まぶす香味は上段左から一味トウガラシと青海苔、下段はケシの実と黒ゴマ

10 水分を軽くふき取った後、それぞれの香味を振り、身の表面にペットリ感が残るくらいに2〜3時間干せばでき上がり

燻す
Smoked Fish

燻製は香木の防腐作用を生かした保存食。
その香り と味……癖の強さが持ち味だ‼

ショウサイフグの燻製

材料
- ●ショウサイフグ
- ●約８パーセントの塩水（水１リットルに対し粗塩80グラム、日本酒50cc）、市販の段ボール燻製器とスモークブロック

1 燻製用は中骨なしの背開きにする。まずはカットした背ビレの中骨に沿って切れ込みを入れる

2 腹身まで切り開く

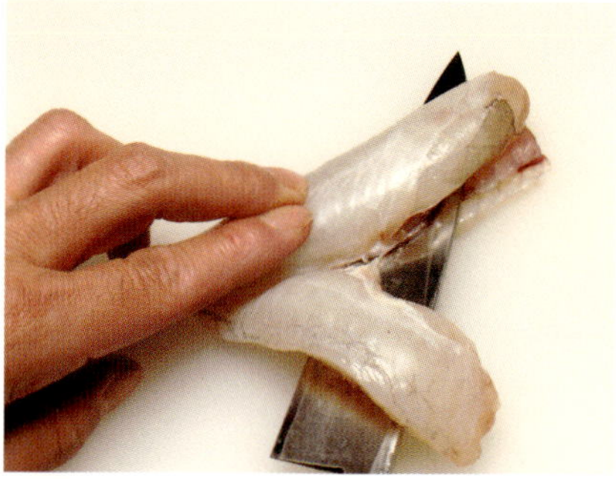

3 中骨を下にして置き、頭の切り口から尾の付け根に向かって中骨をそいでいく

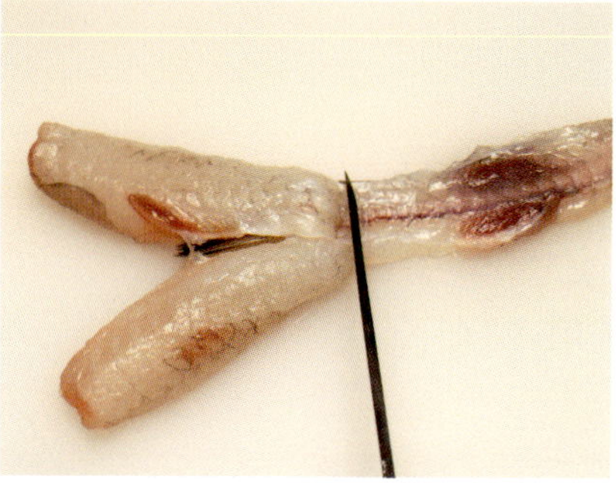

4 尾の付け根で中骨を切り離す

5 片身の厚さが均等になるように切り開く。場合によっては大名おろしで片身にしてもよい

6 約8パーセントの塩水を用意し、ひと口干しとは違って身を30分間浸し、十二分に塩分を回す

7 塩水に浸した身は軽く水分をふき取り、1時間ほど風乾をする

8 燻製器の中にセットした金網に並べるか、S字管に吊るし、スモークブロックに火をつけて燻製スタート

9 途中で1〜2回、燻製器の中を確かめながら燻す

10 スモーキングタイムは1時間〜1時間半が一応の目安。あっさりとした香りが好みならほんのりと色付く30〜40分間でもOK

ADVICE

知っておきたい!! スモークブロック

燻製用として市販されている香木は細かく砕いた「スモークチップ」と、おがくず状のものを固めた「スモークブロック」に大別される。ビギナースモーカーにはブロックタイプのほうが使いやすいだろう。香木のフレーバーは7種類ほどあって、魚料理に適しているのはタンニンが多く含まれて色付きの早いブナとナラといわれている。今回はブナのスモークブロックをチョイスした。アウトドアショップで1本1000円以内とリーズナブル。

11 仕上げとしてもう一度、1時間ほど風乾すればショウサイフグの燻製の完成

シロギス

最も手軽な海釣りのターゲットといえるシロギスは、さばきやすい魚でもあり、釣魚料理入門にも最適。たくさん釣れることも多いので、干物、昆布締めなど保存料理はぜひ覚えておきたい。

干す Dried Fish

シロギスの脱水シート干し

化学の力を借りて、脱水シートで
都会派の干物作りに挑戦!!

材料

- シロギス
- 約8パーセントの塩水、市販の脱水シート

1 ウロコを引き落として水洗いをし、まずは頭の付け根から尾の付け根まで背身を切り開く

2 次に、包丁の切っ先を中骨に当てがって腹骨と中骨の接合部の軟骨を切り進める

3 慣れないうちは少し身を開き、腹骨と中骨の接合部を確認しながら切り進めるといい

4 続いて尻ビレに沿った腹身を皮1枚残して切り開く。指先の腹で切っ先を確かめるとよい

5 腹を下にして立たせ、中骨と平行に頭を2つに割る。これでシロギスの背開きのでき上がり

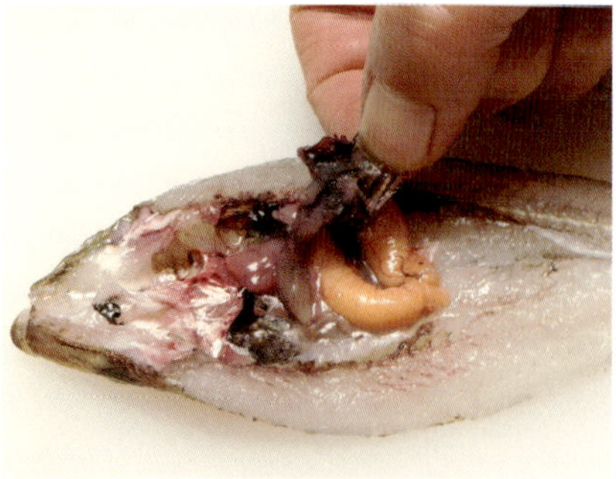

6 エラとともに内臓を取り除く

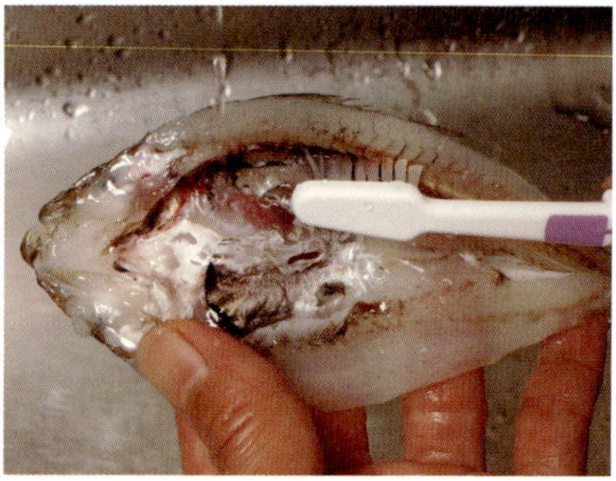

7 流水で中骨やエラ蓋に付着している血ワタと腹膜を歯ブラシで掃除して、下ごしらえは終了

8 約8パーセントの塩水に25〜30分間浸した後、ざっと水気をふき取っておく

9 脱水シートでサンドイッチする形で包み、約半日（10〜12時間）冷蔵庫で水分を抜く。写真は半日たった状態

10 気温が上昇しない早朝の1時間、風干しにするのがプラスアルファのコツ

漬ける
Pickled Fish

新鮮な切り身に
昆布のうま味が染みこむ‼
漬ける時間はお好み次第

シロギスの昆布締め糸造り

材料

- ●シロギス
- ●昆布、塩、米酢、ワサビ、しょう油

1 ウロコを引いた後、胸ビレ下と腹ビレ下に沿ってたすきに頭を切り落とす

2 次に腹を割って内臓を取り出し、流水下で血ワタなど汚れを掃除して水気をふき取っておく

3 頭の切り口から刃先を入れる「大名おろし」で三枚におろす

4 主に小魚の三枚おろしに用いられる大名おろしは、中骨に身が残りやすいのが欠点といえば欠点

5 腹骨をすき取った皮付きの身にごく薄く塩を振り、汚れをふき取った昆布でサンドイッチにし、ラップに包んで冷蔵庫へ

6 寝かせること1～2時間、昆布締めにした身をさっと酢に通し、尾のほうから包丁で皮を引き取り、身を糸造りに

漬ける Pickled Fish

マリネのディル風味

野菜たっぷりシロギスのマリネは
ヘルシーな保存食!!

1 頭の切り口から刃先を入れる「大名おろし」で三枚におろす

2 おろした身は腹骨をすき取り、塩コショウを少々振りかける

3 尾のほうからクルリと丸めてロール状にし、竹串に3～4個ずつ刺しておく

4 アスパラは下ゆでして3～4センチ。湯通ししたピーマンはセロリと同じ斜め切り。レモンはイチョウ薄切り、ミニトマトは半切り

5 マリネ液は全部の調味料を混ぜ合わせ、塩で味を整える。砂糖は隠し味程度に

6 身全体に小麦粉を振り、170度前後に熱した揚げ油で少し色付くくらいに揚げる。油の表面に浮かんでくれば火が通った証拠

7 マリネ液に串から外した空揚げ、野菜、細い葉を千切ったディルを入れ、ざっくりと絡める。2時間後から3～4日間が食べごろ

材料

- ●シロギス
- ●セロリ、ミニトマト、グリーンアスパラガス、イエローピーマン、ディル
- ●マリネ液（エクストラバージンオリーブ油カップ2分の1、白ワインビネガーカップ3分の2、塩コショウ適宜、砂糖ひとつまみ）、小麦粉、塩コショウ、揚げ油

スルメイカ

沖釣りで最も数多く釣れるイカがスルメイカと、
その子供であるムギイカだろう。
生干し、沖漬け、イカ燻など保存食のバリエーションも豊富だ‼

干す Dried Fish

スルメイカの生干し&ミリン干し

干物のレア版「生干し」がうまい‼
甘辛じょう油に漬け込んだ「ミリン干し」も甲乙つけがたい

材料

- ●スルメイカ
- ●生干し用の約8パーセントの塩水（水1リットルに対し粗塩80グラム、日本酒50cc）
- ●ミリン干し用の漬けだれ（しょう油1に対しミリン2の割合）、白ゴマ

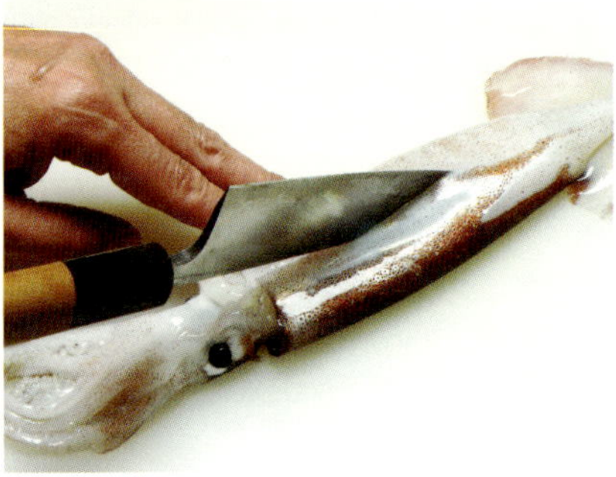

1 スルメはエンペラを下にして胴の中心から包丁を入れ、キモを傷つけないように剣先まで切り開く

2 念のため、キモに付着する墨袋は取り除いておく。この時点で胴体とキモ付きのゲソを引き離してもよい

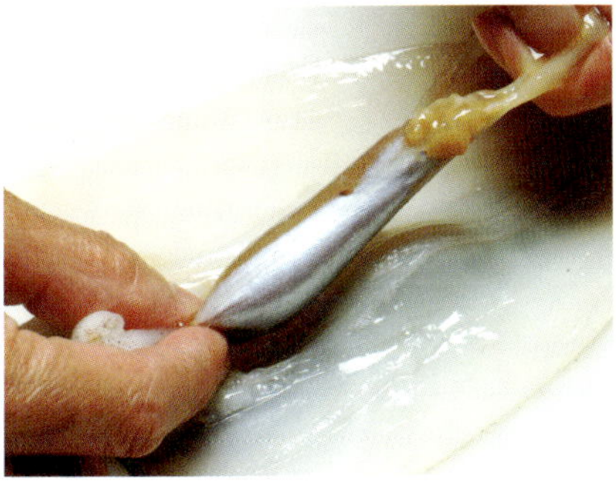

3 続いて内臓や筋を押し分け、頭の付け根から押し出すようにして柔らかいキモを取り出す

4 続いて目と目の間に包丁を入れて頭を切り開く

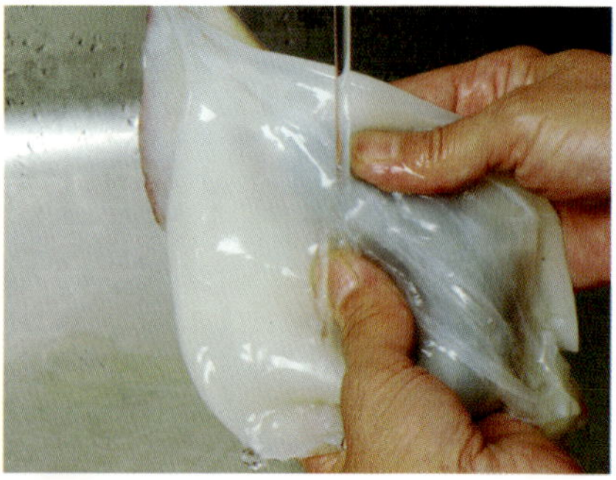

5

目玉とくちばしを取り除いたら、流水で身の内側のヌメリをもみ洗いすると、より透明度の高い干物ができる

6

生干しは約8パーセントの塩水に20～30分間浸した後、軽く表面の水気をふき取る

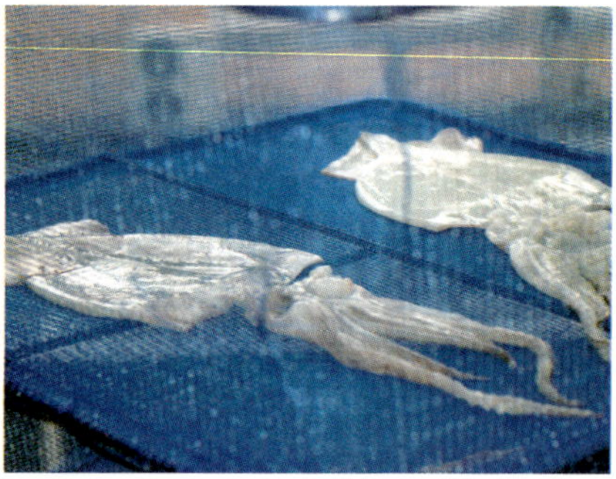

7

風通しのよい場所で3～4時間干す。身の表面を触ってみて、ペタペタとまだ濡れた感じがするくらいでよい

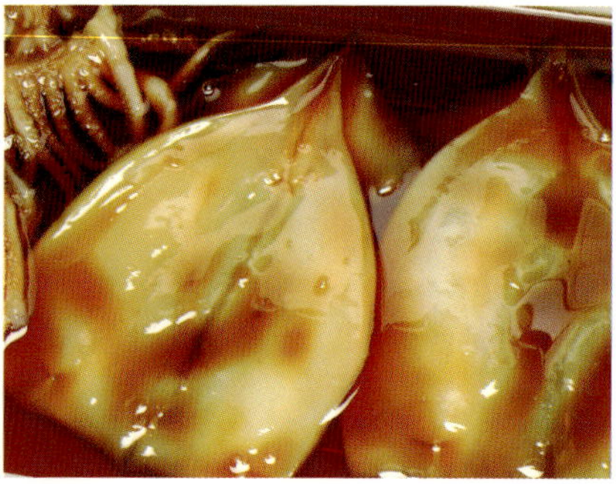

8

一方、ミリン干しは漬けだれをひと煮立ちさせて冷やし、しょう油色に染まるくらい約2時間ほど味を含ませる

9

余分なたれをふき取り白ゴマを散らして6～8時間干す。食べるときは酢を塗った焼き網で焦げ目が付くくらいに焼く

干す Dried Fish

釣りたてのイカをさばいて干す。
釣り人ならではの贅沢干物!!

スルメイカの船上干し

材料

- 釣りたてのスルメイカ
- 海水

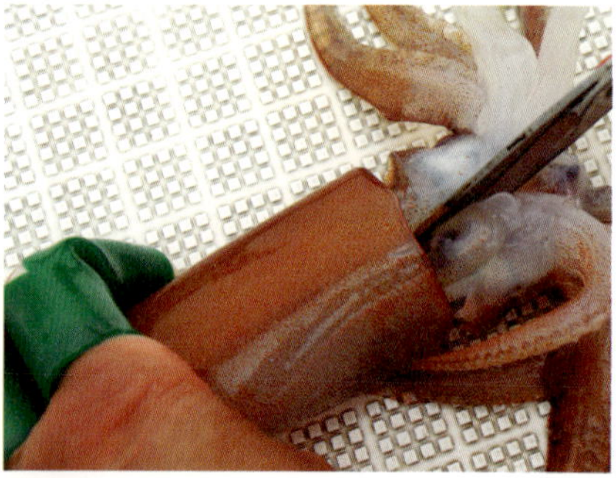

1 軟骨が付着しているエンペラを下にして、足の付け根からキッチンバサミを入れる

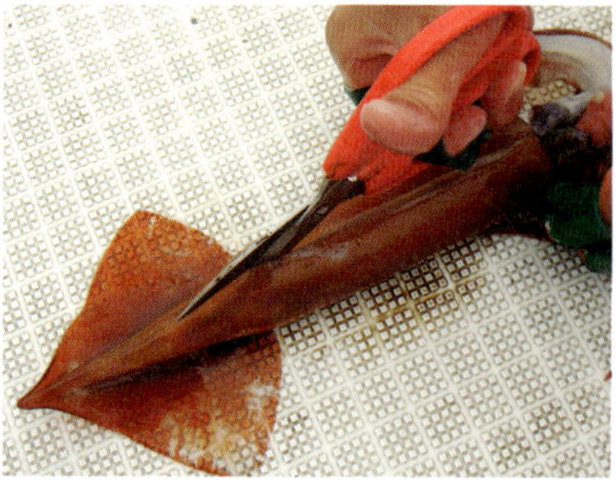

2 目玉の間を切り進めるように胴体の先端部まで切り開く

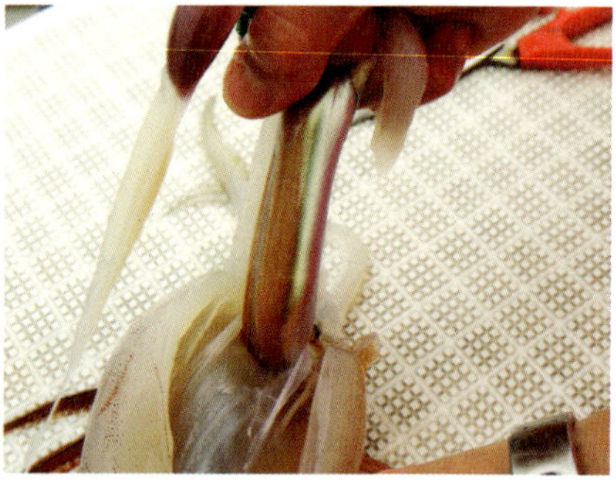

3 続いてキモと内臓を軽く握り、ゲソの方向へ引っ張って抜き取る

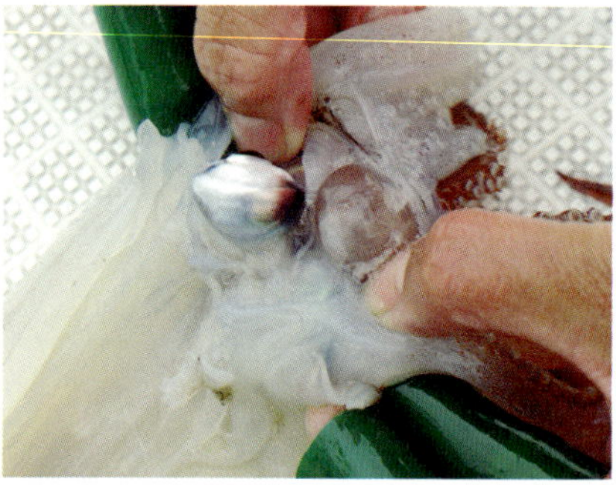

4 目玉とクチバシを取り除き、きれいな海水で残った内臓やヌメリをよく洗う

5 細引きでの干し方は胴体と頭部のつなぎ目を引っかけるのが一般的。干す時間は3～4時間が目安

6 竹串を使う際は細引きをまたいで胴の先端付近と中心部で固定（左）。もう1本で下部を開くと形がよい（右）

漬けろ
Pickled Fish

飴色に染まるスルメイカ
見ているだけでヨダレが落ちそうだ

スルメイカの沖漬け

材料
●釣りたてのスルメイカ
●沖漬けだれ（しょう油150ccに対しミリン100cc、日本酒200cc、水250ccの割合だと700cc弱のたれができる）

1 たれは酒とミリンを沸騰させてアルコール分を飛ばし、しょう油と水を加えてひと煮立ちさせ冷まして持参

2 イカを漬ける際はたれが海水で薄まらないよう、胴体を握って数回しごいて潮を吹かせることがキーポイント

3 午前中に仕込んでおけば、帰宅時にはいい漬かり具合。釣行当日から2～3日間が食べごろ。冷凍後、半解凍ルイベも美味

漬ける

Pickled Fish

スルメイカの偉大な
キモパワーを借りて、
マルイカで作る三色の塩辛

スルメイカとマルイカの赤白黒の塩辛

材料
●赤造り＝マルイカ2杯、スルメイカのキモ2本分
●白造り＝マルイカの胴身2杯、スルメイカのキモ2分の1本分、こうじ8～10グラム
●黒造り＝マルイカ2杯、スルメイカのキモとスミ2本分。天然塩、日本酒

1 赤造りと黒造り用の胴身&ゲソは薄く塩をし、白造り用の胴身は塩を振らず冷蔵庫へ

2 赤造りと黒造り用のイカは2～3時間、簡易干物器で風干しにする

3 黒造りに使うスルメイカの墨袋は破らないように注意して、キモからはがし取る

4 ザルにキモと墨袋を乗せ、たっぷりと塩を振って約2時間締めて、生臭さのもとになる余分な水分を取り除く

5 塩漬けのキモと墨袋は日本酒で洗った後、キモの中身を絞り出して金ザルで裏ごしにする

6 イカの胴身の繊維に沿って切るため、まずは幅6～7センチの切り身にする

7 胴身を6～7ミリの細切りにし、ゲソやエンペラも同じくらいの大きさにカットする

8 赤造りはキモとともに、イカ2杯に対して塩5～7グラム（小サジ1～1.5）、日本酒少々を目安に加えて混ぜ合わせる

9 黒造りは赤造りの分量と同じでよく、ここに塩漬けにした墨を加える

10 白造りは甘酒などにも使う板状のこうじを手でほぐし、説明の分量通りに水でもどし一晩置く

11 マルイカの胴身を細切りにし、こうじとキモ、塩5グラム（小さじ1）、日本酒少々を目安に加えてよく混ぜ合わせる

12 湯消毒した広口ビンなどに詰め、1日に1～2回かき混ぜて熟成を促す。食べごろは3～10日間くらい

タチウオ

タチウオの大小はその体高を指物差しで測る独特のもの。
指4本とか指4本半といった
大型サイズになると脂の乗りが増して、
白身魚とは思えぬほどのジューシーさが口の中に広がる。

干す
Dried Fish

縮まった白身に
凝縮される脂のうま味!!

タチウオの開き干し

材料

- タチウオ
- 約8パーセントの塩水（水1リットルに対し粗塩80グラム、日本酒50cc）

1 まずはタチウオの胸ビレ下から頭を切り落とす

2 続いて腹を切り開いて内臓を取り出す

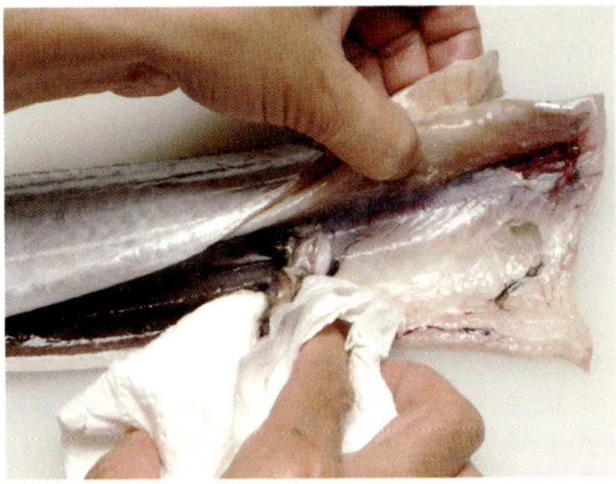

3 腹の中に残っている黒い腹膜はペーパータオルで軽く擦って取り除く

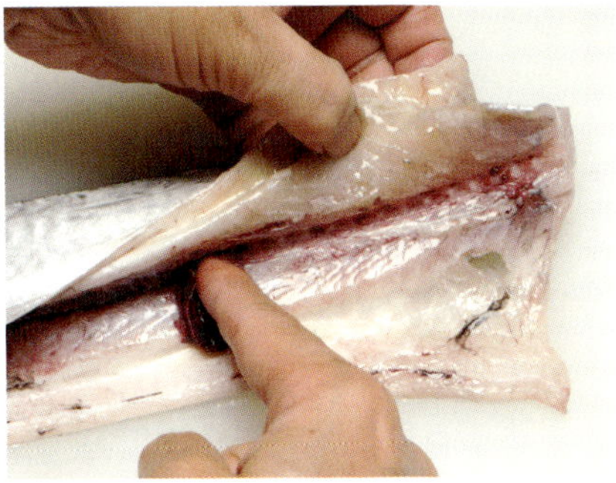

4 中骨に付着している血ワタも爪先で引っかくと簡単に取り除ける。ここで水洗いをして水気をふき取っておく

5 次に適当な長さの筒切りにして「腹開き」にさばく。腹を切り開いた部分は中骨に沿って切れ込みを入れる

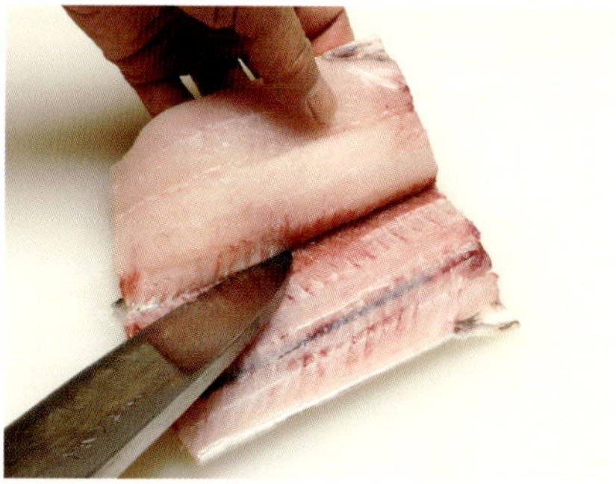

6 腹下の身は退化した尻ビレ際から中骨に沿って、背ビレの付け根まで切り開く

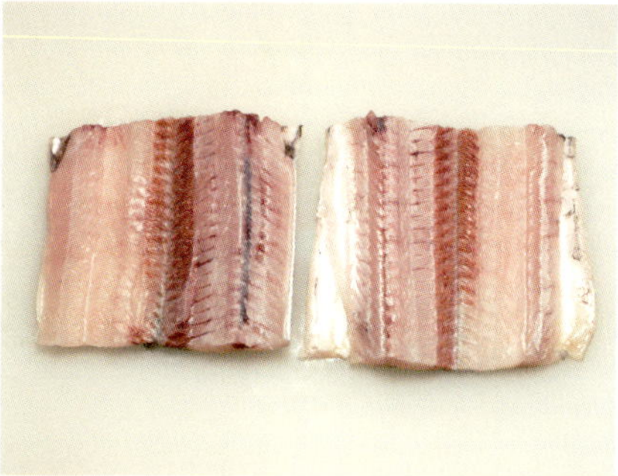

7 右が腹を切り開いた身、左は腹下の身で、タチウオの腹開きのでき上がり

8 腹開きしたタチウオは約8パーセントの塩水に40分から1時間浸したら、軽く水気をふき取る

9 風通しのよい場所で4～5時間干す。身の表面を触って少しウエット感が残るくらいがちょうどよい

ADVICE

タチウオの浸し加減!! 干し加減!!

夏から秋にかけて、日照りが強いような場合は魚が傷む心配があるので、冷蔵庫干しで10～12時間干すとよい。この際、写真のようにモチ網などを利用して台を作り、身の両面から冷気が当たるように工夫をすることが冷蔵庫干しのキーポイント。また、塩水に浸す時間はやや淡白な指3本までの小型タチウオが40分くらい、指4本以上の脂が乗った大型なら1時間を目安にしてほしい。

漬ける

Pickled Fish

材料

●タチウオ

●味噌床（西京味噌500グラムに対しミリン・日本酒各50cc）、ミリン、クッキングペーパー

味噌のうま味が染み込んだ身は

まったりとした甘みが際立つ!!

タチウオの西京漬け

1

まずはタチウオの胸ビレ下から頭を切り落とす

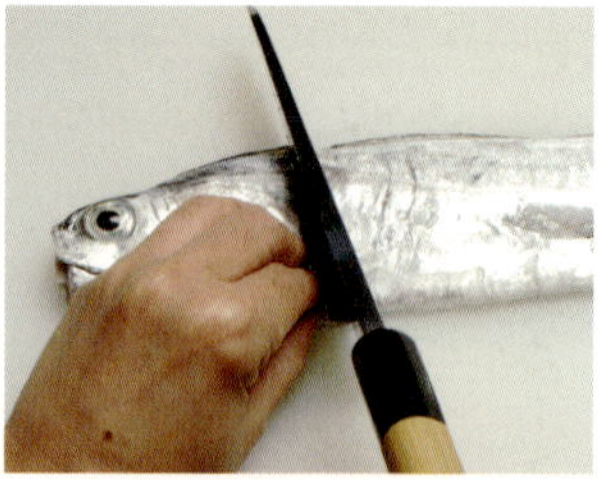

2

続いて腹を切り開いて内臓を取り出す

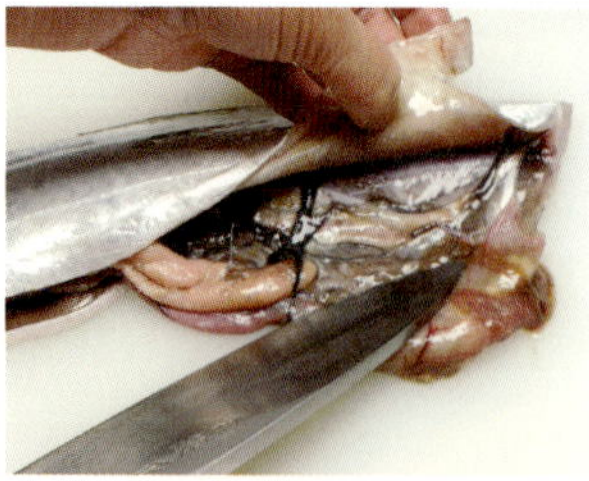

3

腹の中に残っている黒い腹膜はペーパータオルで軽くこすって取り除く

4

中骨に付着している血ワタも爪先で引っかくと簡単に取り除ける。ここで水洗いをして水気をふき取っておく

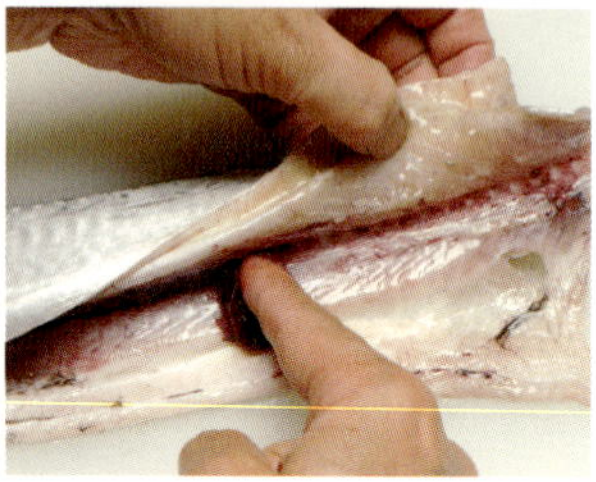

5

筒切りにし、背ビレ両側に少し深く切れ込みを入れる

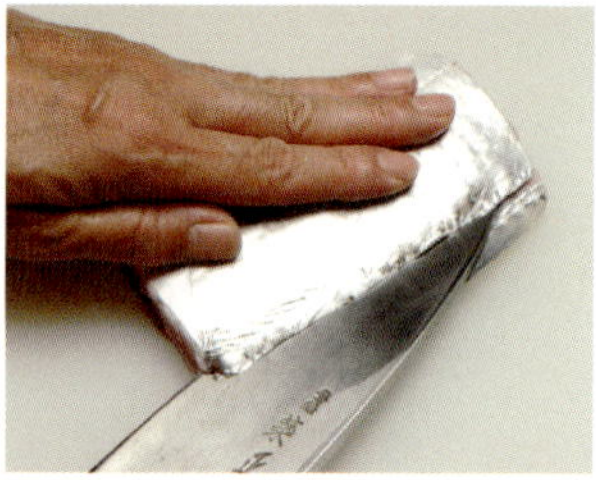

6

端を包丁の根元で押さえて引っ張ると背ビレが外れ、食べやすくなる。面倒なら背ビレ付きでもよい

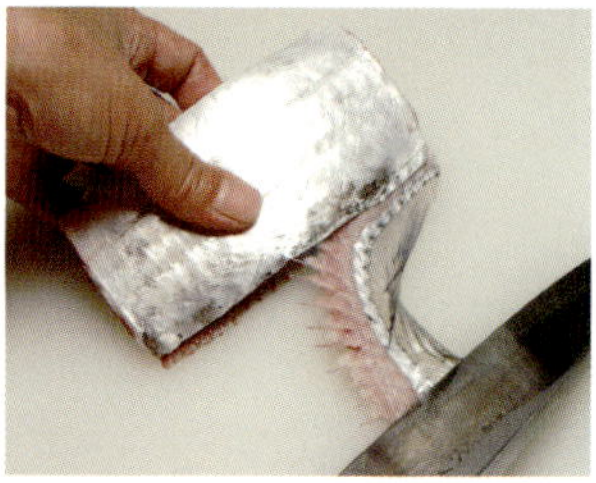

7

西京味噌、ミリン、日本酒を合わせた味噌床を用意し、まずは平らな密封容器の底に薄く伸ばして塗る

8

味噌床を塗った容器にクッキングペーパーを敷いて切り身を並べる

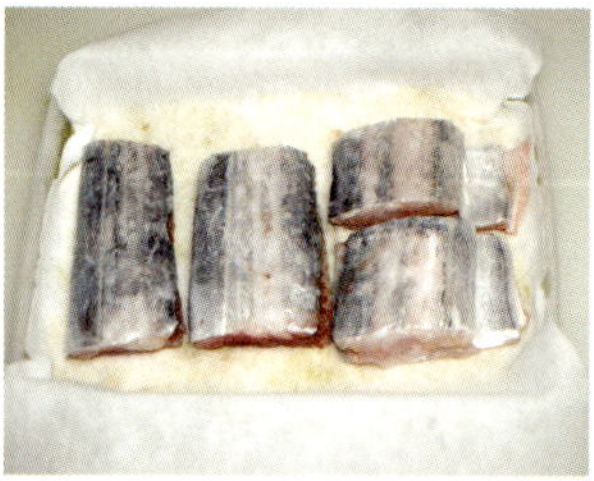

9

もう1枚のクッキングペーパーに味噌床を薄く塗り付ける

10

味噌床を塗った面を上にして切り身にかぶせ、残ったペーパーを折り込んで蓋をすれば間接漬けの完了

ADVICE

ラップフィルムとクッキングペーパーの簡単味噌漬け

用意するものはラップフィルム、クッキングペーパー、ジップバッグ、味噌床の3点だけ。まずはクッキングペーパーの片側全面に薄く味噌床を塗り、大きく切ったラップフィルムに貼り付けて左右どちらかの半面に切り身を置く❶。そして、ラップフィルムごと2つに折りたたむようにかぶせ❷、ラップで包んだ後、さらに汁が漏れないようジップバッグに収納して冷蔵庫に入れておけば完璧だ。

❶

❷

11 冷蔵庫で2～3日間が漬かりごろ。余った分はラップフィルムとジップバッグに収納。1～2カ月の冷凍保存可能

12 スライド式遠火タイプの焼き網がよく、焦げ付き防止として網に酢を塗り、仕上げにはミリンをひと塗り

13 また、金串を打って小型の鉄弓を焼き網の上に乗せて焼くと、本職はだしの西京焼きに仕上がる

ハゼ

海の小物釣りの中でもトップクラスの人気と味覚‼
うま味の凝縮された焼き干しのダシと、昔ながらの甘露煮に舌鼓。

干す Dried Fish

ハゼの焼き干しだしの雑煮

干すほどにうま味が凝縮
江戸前ならではのダシの元!!

材料

●ハゼ
●焼き干しだし（水１リットルに対し焼き干しのハゼ20～25尾、昆布５センチ角１枚）

1 ハゼの下処理は尾ビレを軽くこそぎ、続いてウロコを落としたら、ざっと水洗いをしておく

2 雑煮用の焼き干しはあまり体裁を気にしないので、腹を切って内臓を取り出してもよい

3 粗塩を振ってヌメリや汚れを軽くもみ洗い。流水でよく洗い流したらペーパータオルなどで水気をふき取る

4 ここから焼き干し作り。十分に焼き網を熱してから、焦げ付き防止に酢を網に塗り、ごく弱火にして素焼きにする

5 焼き時間は10～15分。菜ばしで触ってコロンと裏返るまで待つ。途中で無理にはがそうとすると皮がはがれてしまう

6 干物器に入れて風通しのよい場所で約1週間干すと、写真のようなカラカラの焼き干しができ上がる

7 焼き干しだしは、ハゼを半日ほど水に浸して水だしを取っておき、ここに昆布を入れて火にかける

8 沸騰寸前に昆布を取り出したら、アクをすくい取りながら弱火で15分間ほどだしを煮出す

9 ペーパータオルなどできれいにこし取れば、ハゼの焼き干しだしの完成。各家庭オリジナルの雑煮に仕上げればよい

RECIPE

ここでもう一品!!

【ハゼの堅干し】

市販のカタクチイワシの堅干しと同じく、クギが打てるくらい（?）に干し上げたハゼの堅干しバージョン。ウロコや内臓などを下処理したハゼは約8パーセントの塩水に40分前後浸したら、約1週間干し上げる。少し焦げ目がつくくらいにあぶって丸かじりすると酒の肴に絶妙。冷凍保存で約半年間はもつ。

【材料】●ハゼ　●約8パーセントの塩水（水1リットルに対し粗塩80グラム、日本酒50cc）

漬ける

Pickled Fish

ハゼの甘露煮

一口噛むほどに
甘辛じょう油がジュワ〜と
口の中に染み渡る!!

材料

- 焼き干しのハゼ25〜30尾
- 日本酒1カップ、砂糖2分の1カップ、ミリン3分の1カップ、しょう油3分の1カップ
- 下煮用の番茶（薄め）3〜4リットル、竹の皮

1 ウロコを落としたら、甘露煮用の焼き干しは煮くずれを防ぐため腹を切らず、楊枝を使って内臓を取り出すのがコツ

2 まずは肛門に楊枝を差し込み、内臓の周りをはがす感じでグルグルと10回くらいかき回す

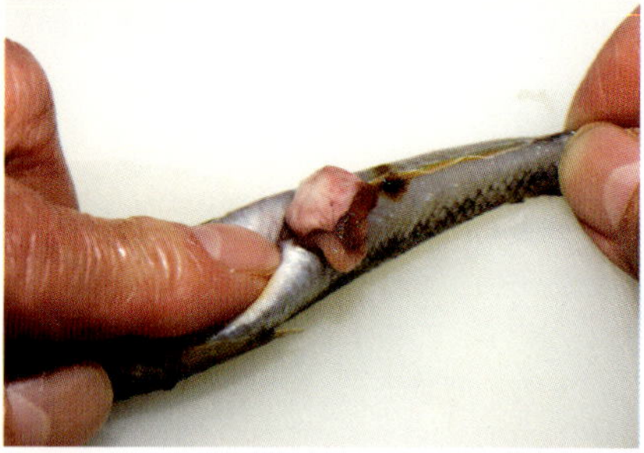

3 楊枝を引き抜き、ノド下から肛門に向かって、指先で絞り出すように押すと内臓が出てくる

4 内臓が出にくい場合は、肛門を楊枝の先で少し広げる。後の下処理と焼く手順は133ページの雑煮と同じ

5 ただし甘露煮用の焼き干しは干す日数が2～3日と短めで、ハゼに少し水気が残っている感じ

6 鍋に竹の皮を敷いて、焼き干しのハゼを重ならないように平らに並べる

ADVICE

ハゼの型を選ぶ!!

ハゼの大小が選べないのは釣りの宿命。とはいっても、料理によってそれぞれ適した大きさがある。16～17センチの大型は刺身や天ぷらで、甘露煮用には13～14センチがちょうどよい。10～12センチの小型は雑煮用の焼き干しを作るのが正解だ。

お気に入りの保存食グッズ!!

「竹の皮」

竹の皮は調理用として10枚1組300～400円で市販されており、煮くずれしやすい材料や鍋との焦げ付き防止の下敷きに使われている。一度水に浸して軟らかくすると鍋底に馴染みやすく、また、斜めの切れ目を数本入れておくと煮汁の回りがよい。

7 ハゼがかぶるくらいまで番茶と日本酒を注ぎ、落とし蓋をして火にかける

8 煮汁が少なくなったら番茶をつぎ足しながら弱火で2～3時間、ハゼは元の体型に戻ってくる

9 砂糖、ミリンを加え、番茶を差しつつ3～4時間煮る。煮汁にトロみがついたらしょう油を加え、汁が少し残るまで煮詰める

ハナダイ

北上する桜前線に誘われるように、
海の中も色いろな魚が活発に動き始める春。
そんな中、マダイの影に隠れがちながら、好期を迎えるのがハナダイだ。

干す Dried Fish

尾頭付きの干物には魚のうま味が
ぎっしり詰まっている!!

ハナダイの開き干し

材料

- ハナダイ
- 約8パーセントの塩水（水1リットルに対し粗塩80グラム、日本酒50cc）

1 背開きにする。まずはウロコを引き落とし、背ビレに沿って中骨に届くまで背身を切り開く

2 続いて尻ビレに沿って腹身を皮1枚を残して切り開いていく。小指を腹身下に当てながら切っ先を確かめるとよい

3 ここで刃の向きを変えて逆さ包丁で中骨と腹骨の接合部の軟骨を切っていく

4 いったん包丁を抜き、次に頭を開く。まず上くちびるにある左右2本の前歯の中心に切っ先を入れる

5 包丁を口の中へ滑り込ませるように差し込み、力を入れながら尾に向かって包丁を進めて頭を半分に割っていく

6 3分の2くらい割ったら包丁を抜いて魚を立て、上から頭をざっくりと押し割る。多少包丁がずれても問題はない

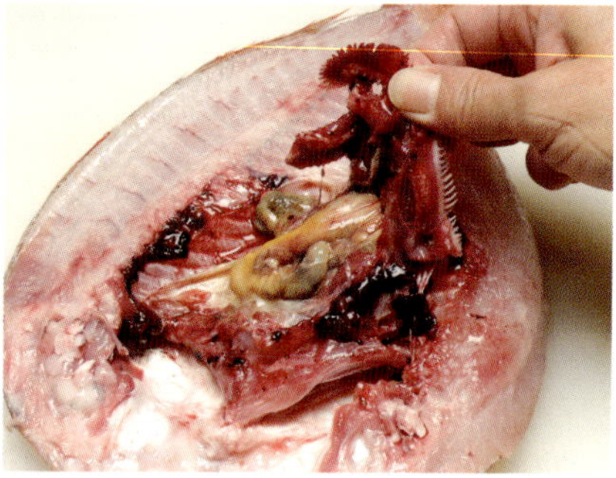

7 エラと内臓をちぎり取る

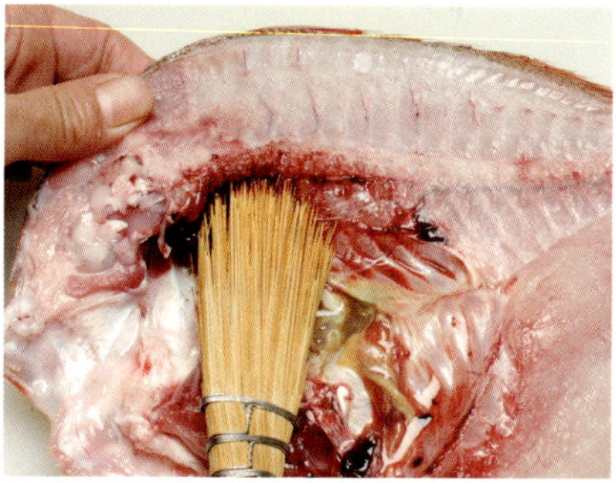

8 竹製のササラなどを使って血ワタなどを掃除し、流水で洗い流す

9 約8パーセントの塩水に30〜40分間浸した後、軽く水分をふき取ってから簡易干物器で4〜6時間干し上げる

ADVICE

8パーセントの塩水にこだわる!!

干物は約8パーセントの塩水に漬け込むのが基本。これは20年ほど前、東伊豆網代の干物加工業者に教わった塩分濃度だ。いつも同じ塩分濃度の塩水を基準にしていると、季節や魚の種類による漬け込み時間の調節しやすいのが大きな長所。開き干しは風通しのよい場所の風干しが基本となり、ハナダイは干し上げた身に、しっとり感が残るくらいがちょうどよい。

練る
Fish Paste

ハナダイの桜でんぶ三色弁当

ハナダイ独特の淡い甘みが舌に残る自家製桜でんぶを、三色弁当に仕立ててみた

材料

●桜でんぶ（ハナダイの身300グラム、ミリン大サジ1、砂糖小サジ2、塩小サジ1弱、食紅少々）
●鶏そぼろ（鶏のひき肉250グラム、おろしショウガ小サジ2、日本酒大サジ1、ミリン大サジ1、しょう油大サジ2～3）
●炒り卵（卵3個、砂糖大サジ1.5、塩小サジ1弱）
●茶飯（米2合、ほうじ茶適宜、塩小サジ0.5、日本酒大サジ2）、ゆでた絹サヤ少々

1 ウロコを引いて頭を切り落とし、内臓を取り出す

2 血ワタを掃除してから、背ビレと尻ビレに沿って中骨に届くまで切れ込みを入れ、尾の付け根から包丁を入れて片身を引き落とす

3 基本どおりの三枚おろしのでき上がり

4 三枚におろしたハナダイは3～4切れにして、あらを利用した潮汁の中で4～5分煮る

5 ゆで上がった身を取り出し、ていねいに皮と小骨を取り除いたら、ザックリとほぐす

6 すり鉢に入れてミリン、砂糖、塩で味を付け、水で溶いた食紅をごく少量ずつ垂らして色付けする

7 色が均一になるようによくすりながら、好みの濃さのピンク色に染める。食紅はほんの少量ずつ入れるのがコツ

8 ここで鍋に移して中弱火にかけ、菜ばし5～6本を広げるように持って焦げないように絶えず混ぜていく

9 最初のうちは混ぜるはしが重いが、水分が蒸発してくると軽くなり、サラサラッとした感触になればでき上がり

10 鶏そぼろは酒とショウガを混ぜて鍋に入れ、煮立ってきたらミリンとしょう油を加え、同様にはし5～6本で炒る

11 炒り卵も作り方は同じで、下は桜でんぶ、上は鶏そぼろと炒り卵の完成品

12 茶飯はほうじ茶と調味料で炊飯器の指定時間どおりに炊き上げる。茶飯の上に三色を盛って、絹サヤを飾ってでき上がり

本ガツオ

ナギの海上に現れるトリヤマ目指し、全速で船を走らせるときの胸の高鳴り。激しく波立つナブラ、背を見せて跳ねるカツオの姿を見たときの興奮。保存が難しいカツオだからこそ、釣った後の楽しみを増やす保存食を考えてみよう。

漬ける Pickled Fish

本ガツオの角煮

おかずにはもちろん、酒の肴にもうれしい逸品だ!!

材料

●本ガツオの上身500グラム
●ショウガ20～30グラム、粗塩
●煮汁（しょう油カップ150cc、仕上げ用のたまりしょう油50cc、日本酒50cc、ミリン大サジ3）

1 背ビレ際から胸ビレにかけて覆う硬いウロコを引き取る。頭を落として内臓を取り出し、血ワタを掃除して三枚におろす

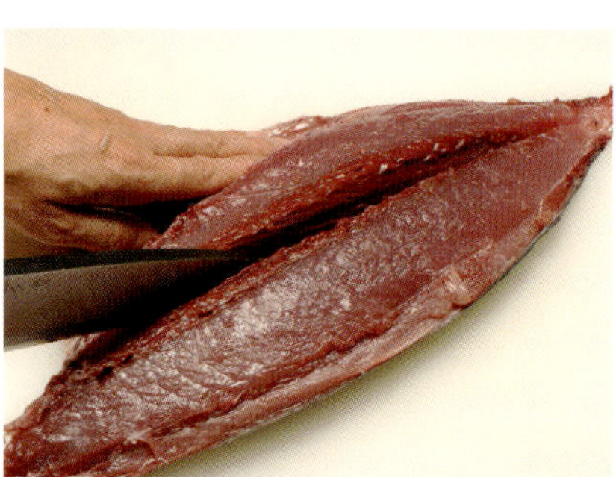

2 本ガツオは身崩れしやすいので半身のまま放置せず、三枚におろしたらすぐに背身と腹身に切り分けておく

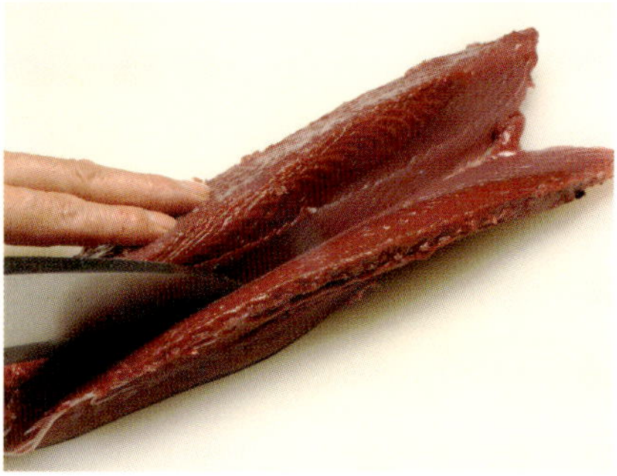

3 背身と腹身の接合部にある分厚い血合を切り取る。角煮の場合はあまり神経質にならず、血合を少し残してよい

4 続いて皮を引く

5 1.5センチ角程度に切り分ける

6 バットなどに移し、粗塩を薄く振って1時間ほど置く

7 塩をした身は沸騰した湯で5〜6分間ゆでる

8 冷水に取り、水を1〜2回替えながら30分ほどさらす。この塩締めとゆでさらしは独特の生臭みを取り除く下ごしらえ

9 カツオの身とショウガの薄切りにたまりじょう油以外の煮汁用調味料を加え、落とし蓋をして弱火でじっくりと煮含めていく

10 煮汁が5分の1ほどに煮詰まったら仕上げ用のたまりしょう油を加え、鍋を揺するようにして数分間絡めてでき上がり

漬ける
Pickled Fish

本ガツオのそぼろ三色弁当

しょう油味の炒り煮で仕上げたそぼろは、
大海の香り豊かな手作りふりかけ!!

材料

- 本ガツオの上身500グラム
- 卵、絹サヤ、粗塩
- 煮汁（しょう油50cc、ショウガ汁大サジ2、日本酒大サジ3、ミリン大サジ2）
- 茶めし（白米2合に対し、塩小サジ3分の1、日本酒大サジ2、ほうじ茶）

1　カツオの上身は適当な大きさに切り、粗塩少々を入れた熱湯で身の芯に火が通るまでゆでる

2　ヤケドしないよう注意しながら皮をむき、残っている小骨などを取り除く

3　次に指先で小さく身をほぐす

4　さらに手のひらで軽く身をもむようにして細かくほぐす

5　ほぐした身に煮汁用調味料を加えたら中火にかける

6　4～6本の菜ばしを使って炒り始める

7 鍋底に焦げ付かないよう、根気よく菜ばしを動かし続けて全体をよくかき混ぜる

8 時どき鍋を火から外して乾炒りして水気を飛ばし、身がさらさらになればそぼろの完成

ADVICE

釣った魚の締め方⁉

ソウダガツオやサバといった中型の回遊魚は他の魚種に比べて一段と鮮度落ちが早いので、血抜き処理を施しておくのが最善策だ。手っ取り早い方法は、通称・サバ折りといい、釣り上げてハリを外したら頭と胴体をつかんで背側に曲げ、首根っこの中骨をへし折ってしまう。そして、間髪入れずに溜めておいたバケツの海水の中に突っ込む。すると、見る見る内に海水が真っ赤に染まり、一気に血抜き処理を行うことができるのだ。

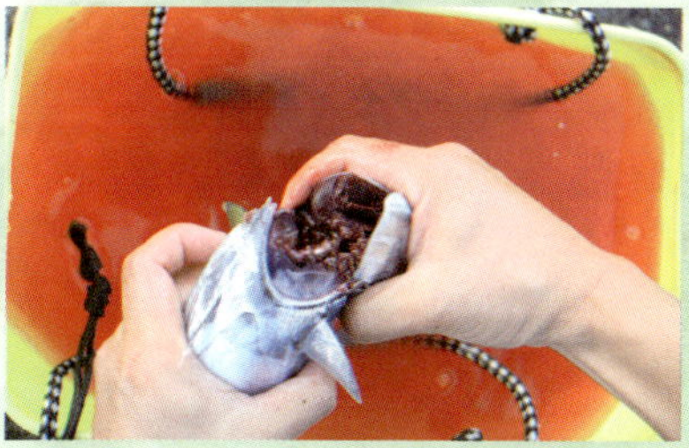

9 全卵に塩と砂糖で薄味に整え、数本の菜ばしでかき混ぜて炒り卵を作る。絹サヤはさっとゆでて冷水にさらし、斜め細切りに

10 茶めしは炊飯器の指定水位まで濃いめに出したほうじ茶を注ぎ、塩味少々と日本酒を加えて炊き上げる

マコガレイ

関東近県で釣りの対象になるのは、マコガレイが主。
カレイの仲間の中でも最も おいしく、
日本一とされる大分の城下ガレイも本種である。

干す Dried Fish

マコガレイの丸干し

丸干しをあぶり焼きにしてはしを入れる。
白身の福ぶくしい味わいに思わず感服

材料

●中小型マコガレイ
●約8パーセントの塩水（水1リットルに対し粗塩80グラム、日本酒50cc）

1 ウロコ落としを使って体全体のウロコを引き落とす

2 泥臭さが残りやすい背ビレ、腹ビレ、尾ビレのヌルを包丁で両側からこそげ落とす

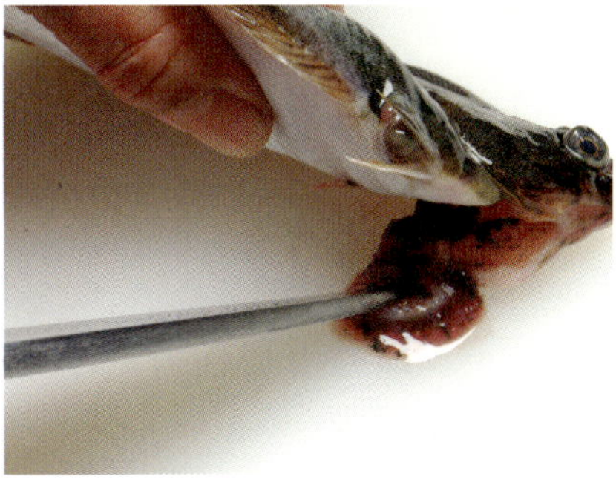

3 包丁の切っ先でエラを引っかけるようにして取り除く

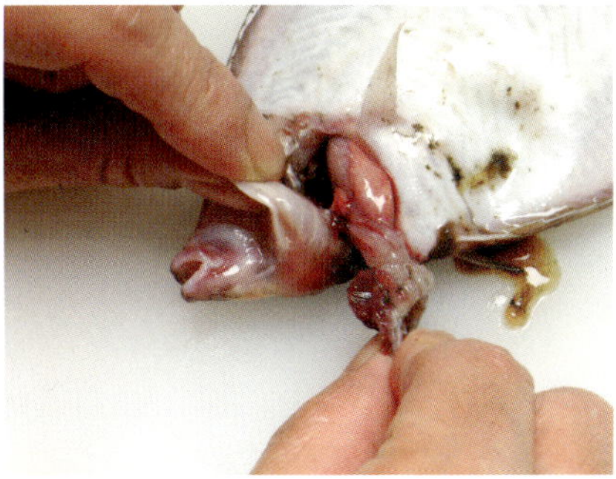

4 難しい場合は指先でつまんで取り除いてもよい

5 裏身から隠し包丁で腹を割る

6 内臓を取り除く

7 中骨に付着している血ワタを歯ブラシできれいに取り除いて水洗い

8 焼き上がりの美しさを考慮して、飾り包丁を入れてもよい

9 約8パーセントの塩水を作り、15センチ以内の小型カレイは15分くらい、20センチ前後の中型サイズなら約20分間浸す

9 腹の中の水分をよくふき取って、風通しのよい場所で約半日間、皮の表面にツヤが出るくらいに干し上げる

干す Dried Fish

肉厚の身は空揚げや南蛮漬けでいただき、
残った中骨は揚げて
バリバリっと食感を楽しむ

マコガレイの骨せんべい

材料

- ●中小型マコガレイの中骨
- ●約8パーセントの塩水（水1リットルに対し粗塩80グラム、日本酒50cc）

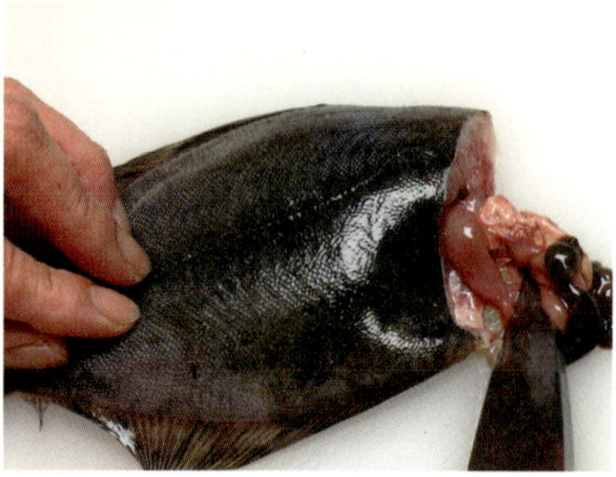

1 下処理は「丸干し」と同じくウロコとヒレのヌルをこそげ落としたら、頭を落として内臓と血ワタを掃除して水洗い

2 ここから五枚おろしで身をそぎ取る。最初に側線に沿って頭の切り口から尾の付け根まで筋目を入れる

3 次に背ビレと腹ビレの際に沿って浅く切れ込みを入れる

4 側線の筋目から中骨の上を刃先でなでるようにして、背身と腹身を切り取る

5 カレイの五枚おろし。今回は中骨が骨せんべい用、身は南蛮漬け用

6 約8パーセントの塩水の中に中骨を1～2分間浸す。小型カレイは丸のまま、中型サイズはひと口大にカットするとよい

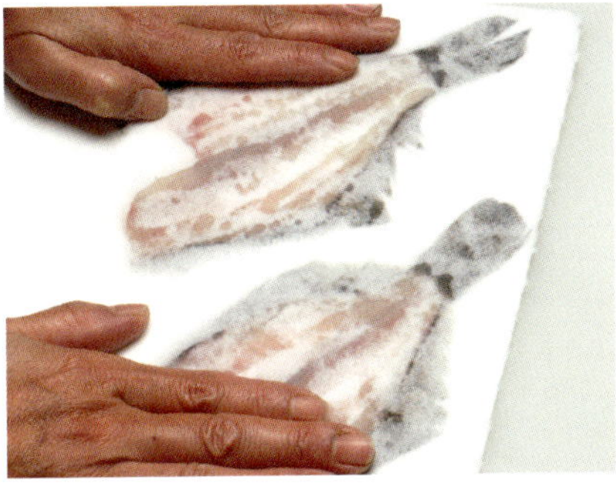

7 干す前にペーパータオルなどに挟んで十分に水気を吸い取っておく

8 網製の干物器に並べ、風通しのよい場所で約半日ほど干す

9 ここでは、丸のままの小型カレイは器にするため、中骨の両端に竹串を刺して形を整えて揚げてみた

10 焦げ付かないように160～165度の低温の揚げ油で、気長に転がしながらキツネ色になるまでカラリと揚げる

RECIPE

ここでもう一品!!

【マコガレイの南蛮漬け】

【材料】●マコガレイの上身　●小麦粉、焼きネギ　●南蛮酢（酢大サジ 6、しょう油大サジ 4、砂糖大サジ 3、水50cc、乾燥赤唐辛子の小口切り 0.5 本）、

①皮付きの身に小麦粉をまぶし、165～170度に熱した揚げ油で空揚げにする

②南蛮酢の調味料をひと煮立ちさせて冷やし、焼きネギとともに空揚げにした身を漬け込む。約1時間で南蛮漬けができ、2～3日後までおいしくいただける

マダイ

見て美しく、食べては美味。
日本では魚の王にたとえられるマダイ。
春、乗っ込みの大ダイは切り身の漬けで、
秋の小ダイは贅沢に開き干しでいただく。

干す Dried Fish

マダイの開き干し

釣り人ならでは⁉　市場にはあまり出回らない
マダイの開き干しに挑戦

材料

●0.3～0.5キロ級の小型マダイ
●約8パーセントの塩水（水1リットルに対し粗塩80グラム、日本酒50cc）

1　背開きにさばく。ウロコを引き落としたマダイを用意し、まずは背ビレに沿って中骨に届くまで背身を切り開く

2　続いて尻ビレに沿った腹身は皮1枚を残して同じく切れ込みを入れておく

3 包丁の刃の向きを変えて逆さ包丁で握り、中骨と腹骨の接合部を切っていく。この際、接合部の軟骨に当てるのがコツ

4 ❸の時点で胴体は背開きになっているので、次に頭を開く。最初、上アゴにある2本の鋭い前歯の間に包丁の切っ先を入れる

5 包丁を口の中へグイッと差し込み、力を入れながら頭を半分に割っていく。必ず硬い中骨を外して包丁を当てること

6 頭を3分の2くらい割ったらマダイを立て、包丁で押し込むように切るとよい

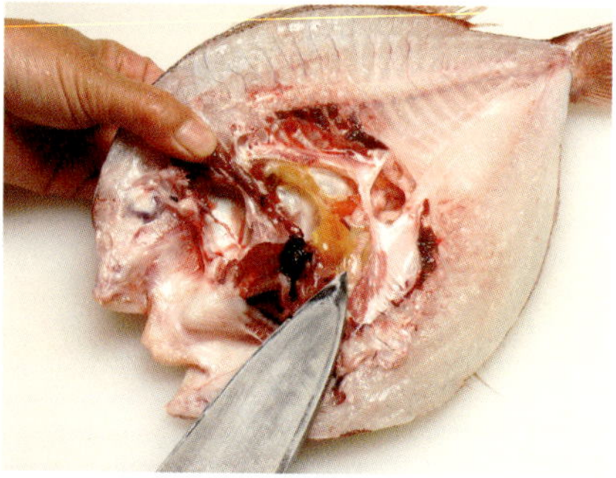

7 背開きに仕上がった状態。多少包丁がずれて中骨を切ってしまっても問題ない

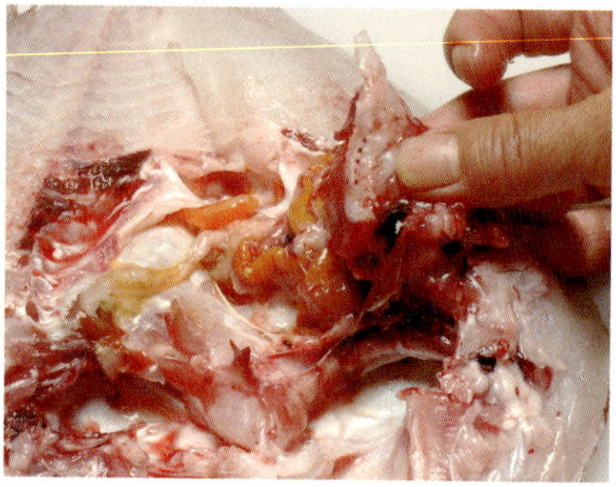

8 エラとともに内臓をちぎり取り、竹製のササラを使って付着している血ワタをきれいに掃除して水洗いをする

9 約8パーセントの塩水に30〜40分間浸した後、軽く身の水分をふき取る

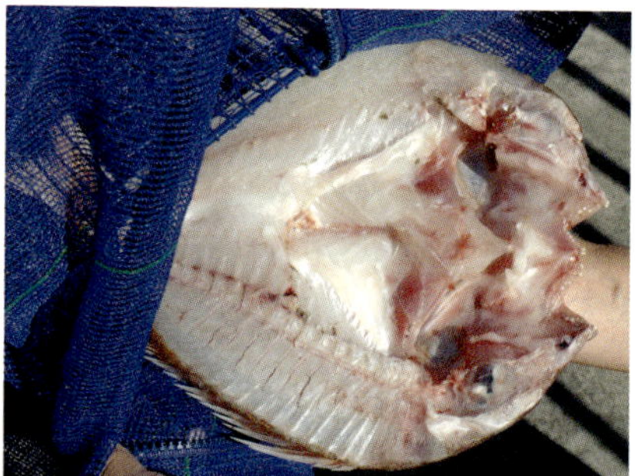

10 市販の網製干物器の中で風通しのよい場所で4〜5時間干す。干し上がりの目安は身に触れてみて、しっとり感が残るくらい

漬ける
Pickled Fish

新鮮な切り身に
西京味噌のうま味が染み込む!!
漬ける時間はお好み次第

マダイの西京漬け

材料

- マダイ
- 西京味噌漬け用の味噌床（西京味噌500グラムに対しミリン・日本酒各50cc）、ミリン
- エシャロット、ペーパータオル

1 ウロコを引き落とし、胸ビレと腹ビレに沿ってたすきに頭を切り落とす

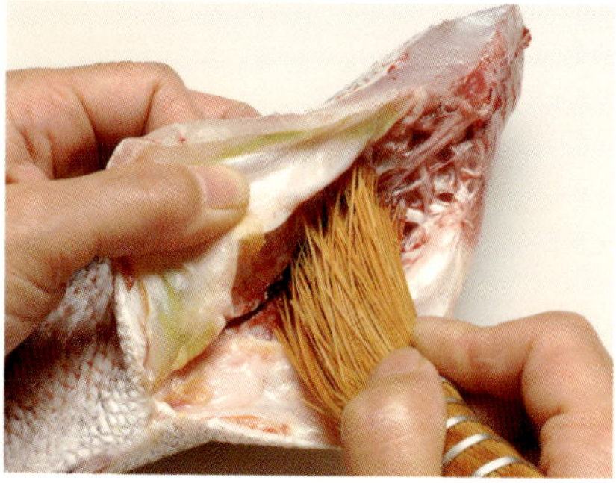

2 続いて腹を割って内臓を取り除いた後、中骨に付着している血ワタをササラで掃除し、水洗いをして水気をふき取って下処理終了

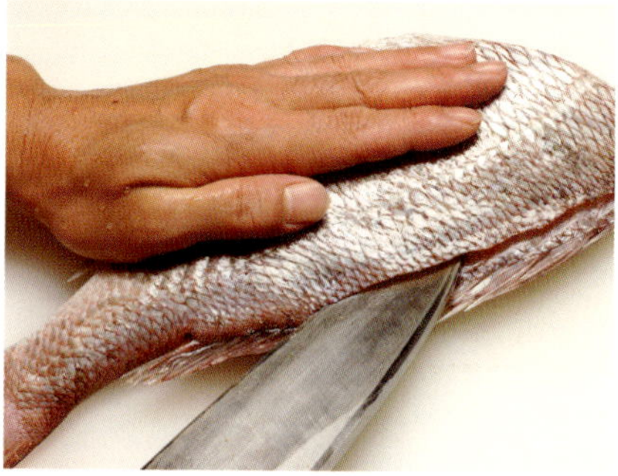

3 ここから三枚におろす手順。背ビレに沿って中骨に届くまで背身を切り開く

4 同じように尻ビレに沿って腹身を切り開く

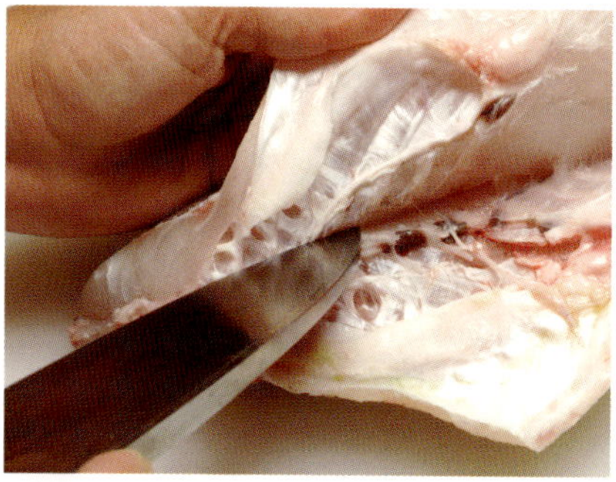

5 次に中骨と腹骨の接合部の軟骨を切っ先でカットする

6 基本どおりの三枚おろしのでき上がり。このあと、厚さ3センチくらいの切り身に切り分けておく

7 味噌床の材料をよく混ぜ合わせた後、平らな密封容器やバットを用意し、まずは容器の底に味噌床を薄く伸ばしながら塗る

8 味噌床を塗った容器にペーパータオルを敷いて切り身を並べたら（左）、もう1枚のペーパータオルに味噌床を塗っておく

9 最後に味噌床を塗った面を上にして切り身に被せ、冷蔵庫で十分に味が染み込むまで2日間寝かせておく

10 ガスレンジの魚焼き器などでこんがりと焼き上がったら、最後にミリンをひと塗りするとつややかに仕上がる

ADVICE

味噌にこだわる!! 西京味噌

奈良時代に高麗人によって日本に伝えられ、その当時は密祖（みそ）と呼ばれていたのが味噌の語源。その味噌を大別すると米味噌、麦味噌、豆味噌の3種類で、今回の西京味噌は米味噌である。

その色合いから白味噌とも呼ばれており、他の味噌と比べるとまろやかな甘みを感じるのが特徴。京生まれの味噌だけに西京漬けのほか京雑煮、木の芽和え、田楽、ふろ吹き大根など京都の代表的な料理に使われる。

マダコ

釣りたてのタコを刺身でいただくと、市販品とは別格のうまさに驚くはず。そして、もうひと手間かけた一品は、保存食というにはちょっと贅沢!?

漬ける Pickled Fish

マダコのタコキムチと和風塩辛

保存も効き、すぐ食べてもおいしい!!
コリコリ感と甘みが絶品だ

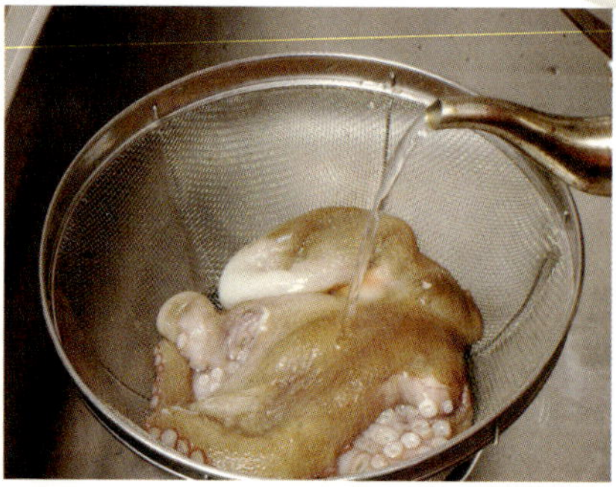

1 下処理（166ページ参照）を終えたマダコ全体に熱湯をかけるか、熱湯にサッとくぐらせて湯通しする

2 【タコキムチ❶】1キロのマダコの半量を使う。タコキムチには足の細い部分と胴で十分だ。皮付きのまま適当な大きさに刻む

材料

タコキムチ
●マダコ500グラムに対して市販のヤンニョムジャン大サジ5～6、ゴマ油大サジ2
和風塩辛
●マダコ500グラムに対して粗塩大サジ2～2.5、戻した米こうじ大サジ2、赤唐辛子（乾燥）の輪切り少々

3 【タコキムチ❷】切った身をボールに移し、ヤンニョムジャンとゴマ油を加える。赤唐辛子に弱い方はヤンニョムジャンを控える

4 【タコキムチ❸】手でもみ込めばでき上がり。作ってすぐに食べられ、冷蔵保存で1週間以内が食べごろ

5 【和風塩辛❶】タコ刺しを作る手順で皮を引く。足の太い部分を10数センチに切り、まず吸盤と身の間に切れ目を入れる

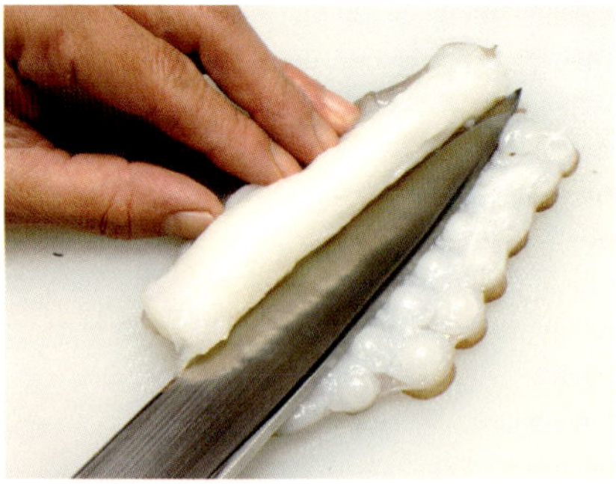

6 【和風塩辛❷】まな板に皮を包丁で押し当てるように切り進めつつ、白い身を転がしながらそぎ取る

7 【和風塩辛❸】そぎ取った身は厚さ5～6ミリの小口切りにする

8 【和風塩辛❹】吸盤は余分な皮を切り取ってから切り分ける

9 【和風塩辛❺】和風塩辛は粗塩、赤唐辛子とともに発酵補助として米こうじを粗塩と同量程度加えるといい

10 【和風塩辛❻】よく混ぜ合わせたら密封容器に詰めて冷蔵庫へ。1日2～2回混ぜ合わせ、2～5日目が食べごろ

燻す

Smoked Fish

マダコの燻製

これぞ釣り人しか
味わえない珍味⁉
燻してタコのうま味を
閉じ込める‼

材料

●マダコ
●粗塩、スモーカー（燻製器）、スモーク用チップもしくはブロック（燻製用の木くず燃料）

1

下処理はまず、胴体と頭部の継ぎ目を指先で切り離す

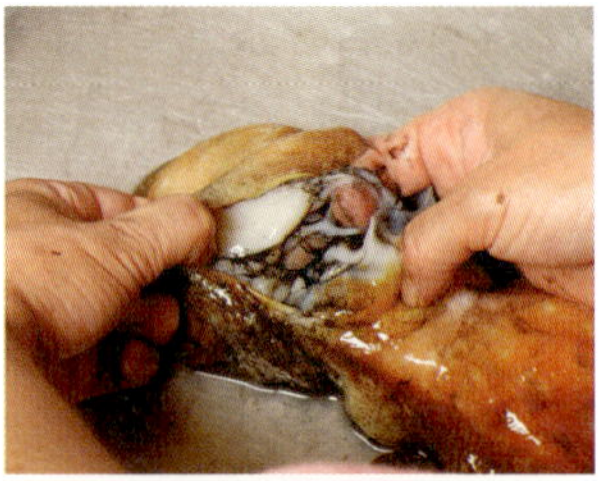

2

胴を裏返して内臓を引っ張って外し、胴を元に戻しておく

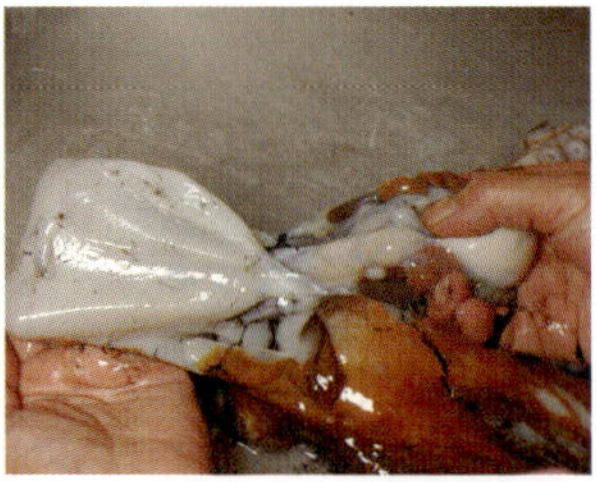

3

1キロ級マダコ1杯に対してスプーン大盛1杯の粗塩を振り、ゴシゴシと洗濯する要領で5〜6分間、十分に塩もみを行う

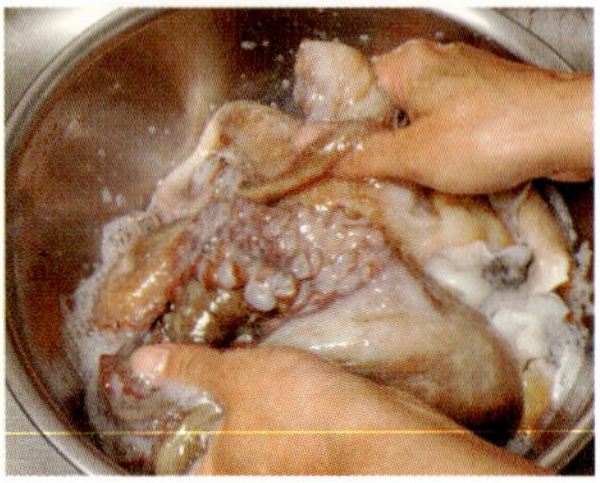

4

流水で念入りに水洗い。この際、まだヌメリが残っているようなら、もう一度塩もみ→水洗いを繰り返す

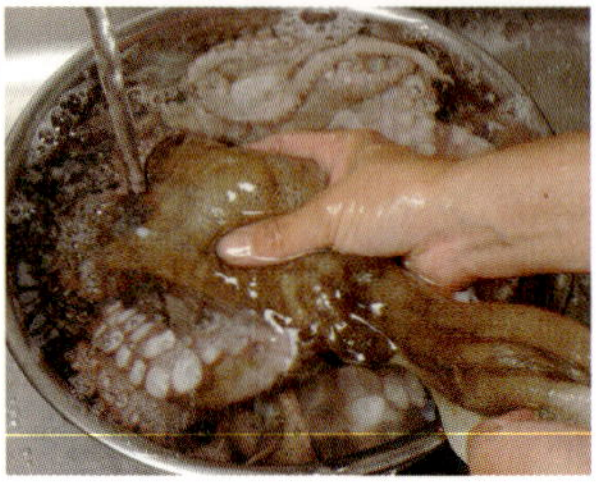

5

沸騰した大鍋の湯を用意し、1キロ級マダコで2〜3分間を目安にゆでる

6

ゆでたら風通しのよい日陰で30〜40分間干して表面を少し乾かす。夏場の無風時は冷蔵庫干しで1〜1時間半

7

スモーカーの大きさや種類にもよるが、マダコを2〜3等分に切り分けてスモーカー内部に吊るし、スチップに着火する

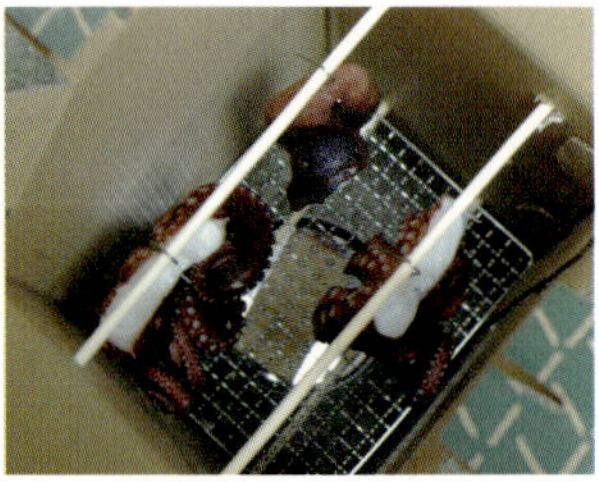

8

手軽なボール紙折り畳み式のスモーカーもあり、こんな感じだ

9

時どき小窓からチェック。燻す時間はわずかに色づく1時間が目安。燻し過ぎると苦味が強くなるので30〜40分程度でもOK

10

煙臭さを飛ばすため30分間ほど風干しして完成。スライスしてレモンを絞り、塩気が足りないようなら粗塩を振って味わう

マダコの地中海風グリーンマリネ

材料

●マダコ500グラム前後
●グリーンソース（玉ネギ・パセリ・ピクルスのみじん切り各大サジ3、ケイパー大サジ2、ニンニクペースト小サジ1、アンチョビーのみじん切り2～3枚、レモンの絞り汁大サジ4、オリーブオイル100cc、タバスコ・塩・コショウ適宜）、黒オリーブ

1

下処理をしたマダコの細い足の部分と胴体の約0.5キロ分を、沸騰した湯で30秒前後ゆでる。ミディアムレアが目安。身が厚い頭と胴体を先に沈め、時間差で細い足を入れる

2

湯から取り出したら、付着しているあくをさっと洗い流してからザルに乗せて粗熱を冷し、冷蔵庫で保存

3

ひと口大のブツ切りか、4～5ミリ厚のそぎ切りにするかは好みで

4

全部の材料と調味料を混ぜ合わせてグリーンソースを作る。辛口が好きな方はタバスコを多めにどうぞ

5

ここにマダコを加えてソースをよく絡め、密封ビンに詰め替えて冷蔵保存。2日目から5日目が食べごろ

メバル

沿岸の浅場に棲むメバルは、春を代表する釣魚。
春告魚とも呼ばれ、岸壁や堤防から
エサやルアーで手軽に狙えるし、
沖釣り入門にも最適。食べても絶品なのだ。

干す Dried Fish

メバルの開き干し

あっさりとした白身にして
淡い脂がふくよかさを誘う…絶品の開き干し!!

材料

- ●メバル
- ●約8パーセントの塩水（水1リットルに対し粗塩80グラム、日本酒50cc）、青海苔

1 ウロコ落としで隅ずみまで引き落としたら、腹を割って内臓を取り出してざっと水洗いをする

2 腹開きにする際は頭を右に向けて置き、肛門から包丁を入れて尾の付け根まで切り開く

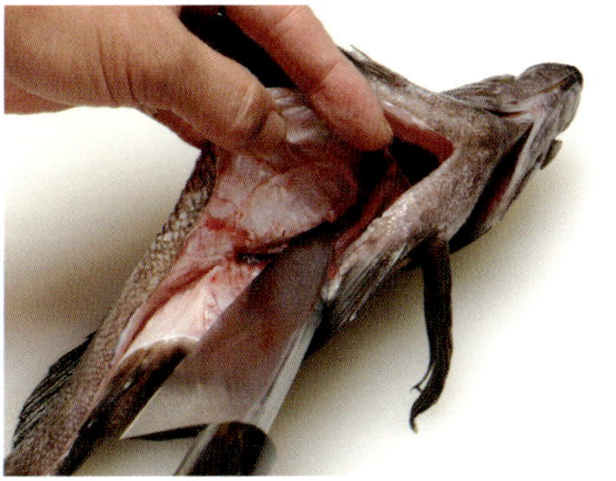

3 続いて中骨と腹骨の接合部の軟骨を切りながら背へ開いていく。慣れないうちは腹を上に向けるとやりやすい

4 慣れてきたら包丁の切っ先で軟骨を探り当てて切った後、指先で切っ先を確認しながら皮1枚を残して背へと切り開く

5 身を開いたら中骨を避けるようにして包丁を突き立て、少し力を入れて頭を半分に割る

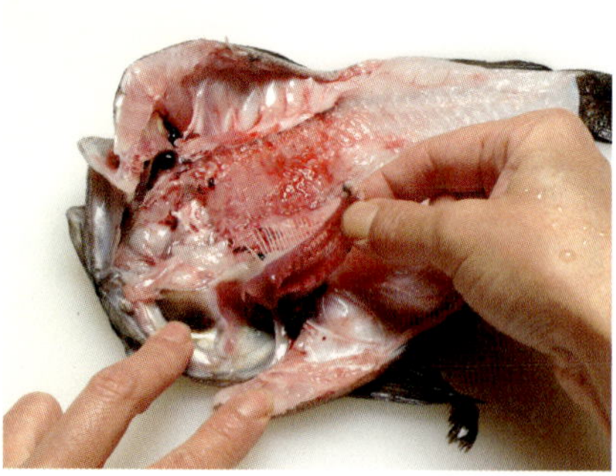

6 ここで頭の左右にあるエラをちぎり取る

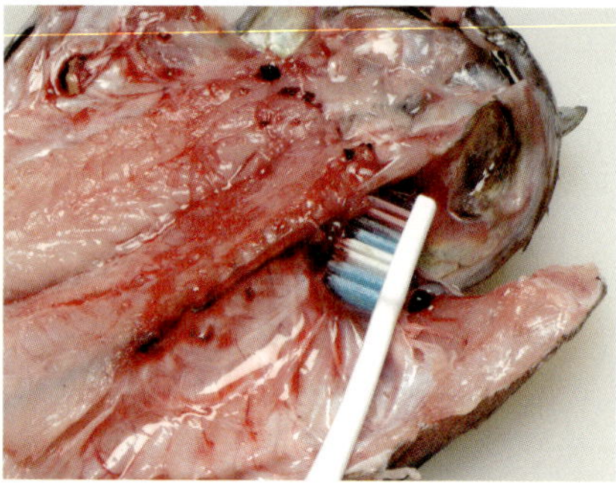

7 歯ブラシか竹のササラを使って、中骨の血ワタなどを取り除き、手早く水洗いをする

8 腹開きの完成

9 塩の浸透しやすい白身魚は、約8パーセントの塩水に30分前後浸すのが目安

10 風通しのよい場所に干物器を吊るし、4〜6時間を目安に干す。身の表面に少しペットリ感が残るくらいがちょうどよい

練る

Fish Paste

メバルの揚げかまぼこ

蒸したかまぼこに対して、
練り上げたすり身を
油で揚げたのが揚げかまぼこ !!

材料

●メバルの身200グラムに対して粗塩小サジ3分の1～2分の1、小麦粉大サジ3、卵白1個分、砂糖小サジ3分の1
●揚げ油、大根おろし、おろしショウガ、付け合わせに菜の花など

1 三枚におろしたメバルを用意する

2 まずは腹骨をすき取る

3 背身と腹身に切り分けて血合骨を薄くそぎ取る。小型の場合は骨抜きを使って血合骨を抜き取る

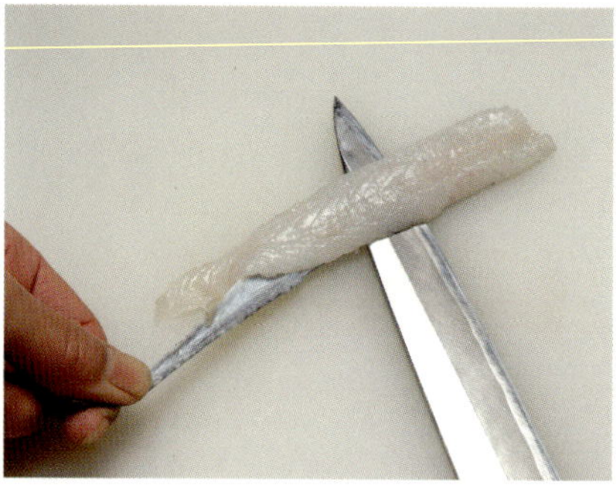

4 皮を引き、身を粗く刻んでおく

5 フードプロセッサーを使用。スイッチのオン・オフを繰り返し、すり具合を確かめながら少し粘りが出始めるくらいまで続ける

6 すり身をすり鉢に移して粗塩、小麦粉、卵白、砂糖を加える

7 10分ほどすり続けると、塩が加わった効果によって急速に弾力が増してくる

8 モチのような弾力が出てまとまれば完了。最後にすり身を持ち上げてすり鉢に叩きつけ、空気抜きをしておく

9 サラダ油で濡らした手のひらで、わらじ型や角型など、厚さ1センチほどで好みの形に整える。几帳面に成型する必要はない

10 揚げ油の温度は165度前後の低温がよく、こまめに菜ばしでひっくり返しながらキツネ色に揚げる

ADVICE

あると便利!! フードプロセッサー

最近は「混ぜる」「する」「刻む」「おろす」「切る」など多機能なフードプロセッサーが市販されている。しかし用途のほとんどが魚のすり身作りである僕にとっては「混ぜる」「する」という二役だけの最も単純なタイプでOK。購入価格は1万円弱から外国製の数万円までお好み次第。

ヤリイカ

数あるイカの中でも
トップクラスの人気を誇るヤリイカ。
釣趣もさることながら、
その魅力はアフターフィッシングに尽きる。
生でよし、干してもよしだ!!

ヤリイカの生干し

開き干しのレア版でいただく!!

ムチっとした食感と弾けるうま味

干す Dried Fish

材料

- ●ヤリイカ
- ●約8パーセントの塩水（水1リットルに対し粗塩80グラム、日本酒50cc）

1

エンペラを下にして胴の中心から包丁を入れ、内臓を傷つけないよう切り開く

2

ここで念のため墨袋は取り除いておく

3

次に目と目の間に包丁を入れて切り開く

4

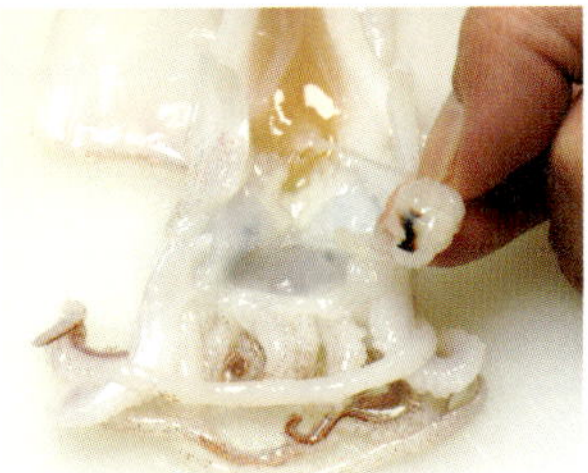

目玉とくちばしを取り除く

5

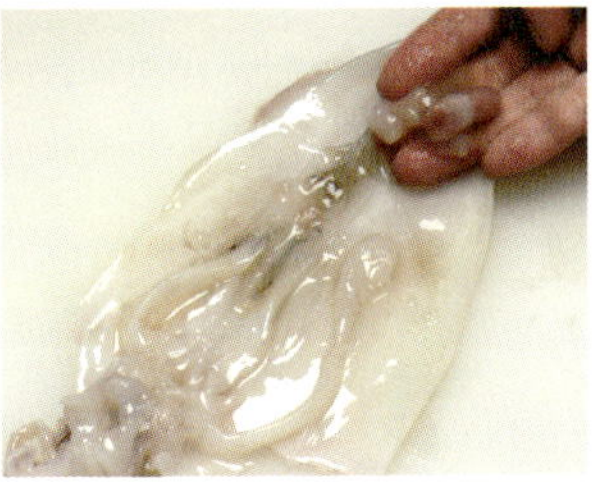

さらに胴体の内側に付着している内臓とともに、残っている筋を取り除く

6

流水で内側のヌメリをよくこすり落としておくと、透明度の高い干物ができる。これで下処理は終了

7

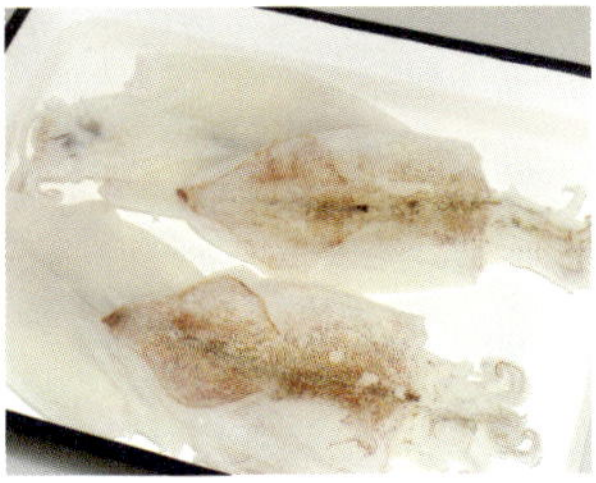

約8パーセントの塩水に15～30分間浸す

8

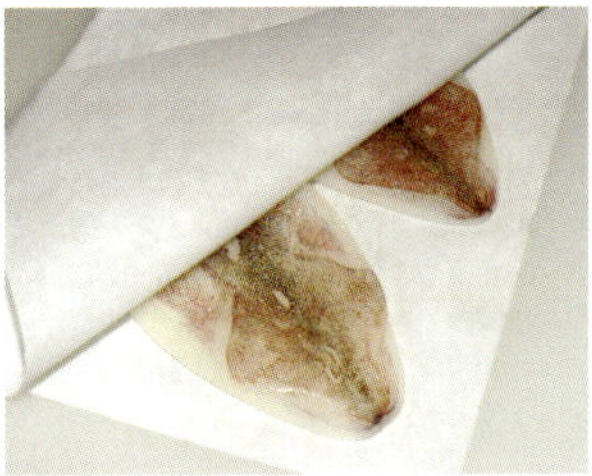

ペーパータオルなどで表面の水気を軽くふき取っておく

9

風通しのよい場所で3～4時間干す。身の表面を触って、ペトッとしているくらいでちょうどよい

漬けこみ
Pickled Fish

ヤリイカの
五目筒寿司

ヤリイカの胴体にゲソ入りの
五目寿司を詰め込んだ
筒寿司を召し上がれ!!

材料

●ヤリイカ　●胴体用の二杯酢（米酢1、しょう油1の同量）、干しシイタケ、ゲソ用の煮汁（しょう油大サジ4、ミリン大サジ2、干しシイタケの戻し汁100cc）
●干しシイタケ、ニンジン、白ゴマ、ご飯　●甘さ控えめの寿司酢（米3合に対し米酢大サジ5、砂糖大サジ1.5、塩大サジ0.5強）または市販の寿司酢